공학자의 눈으로 본 독일 대학과 문화

공학자의 눈으로 본 **독일**
대학과 문화

목학수 지음

산지니

프롤로그

1981년 12월 이후 독일에서의 유학과 연구년, 그리고 여러 번의 독일 출장을 다녀오는 사이에 어느새 독일에 대한 익숙함과 편안함을 느낀다. 독일의 많은 대학과 연구소, 박물관, 음악관, 미술관 등 방문했던 여러 곳을 생각하며 이렇게 정리하는 기회를 가지게 되어 개인적으로 무척이나 즐거운 마음이다.

독일이 우리보다 나은 것은 무엇이고, 무엇이 모자라며, 무엇이 심금을 울리고, 무엇이 우리의 마음을 안타깝게 하는지를 담고 싶었다. 무엇보다 현재 독일의 힘은 어디에서 나오는지가 가장 궁금했다.

현재 독일은 많은 도로나 건물들을 수리하거나 새로운 건물을 짓기 위해 바쁜 것 같다. 독일 전역이 온통 공사판 같다. 독일의 경제 사정이 좋은 것을 눈으로 확인할 수 있다. 유럽이 하나의 경제 블록으로 되면서, 많은 원천 기술을 보유하고 있으며 노동 시장이 안정된 독일이 앞서가는 것은 어떻게 생각하면 당연한 것인지 모른다. 이렇게 될 수 있었던 것은 독일의 대학과 연구소, 그리고 기업체들이 오랫동안 열심히 연구한 결과일 것이다.

유럽이 하나의 경제 블록이 되었더라도 자국이 가지고 있는 원천 기술이 없을 때 다른 나라 눈치를 보고, 필요할 경우 경제적인 원조를 받고 있는 나라들이 많은 것을 본다. 우리는 이러한 사실들을 보고 배워야 할 것이다. 이것과 함께 선진국들이 내세우는 우수한 경제 정책과 사회 제도, 그리고 세계를 선도하는 기술들을 뛰어넘을 수 있도록, 우리가 가진 모든 인적 물적 자원들을 집중해서 투자해야 할 것이다.

필자가 개인적으로 독일을 좋아하는 이유는 또 있다. 독일 국민들이 축구를 좋아하기도 하지만, 음악과 미술을 포함한 예술을 좋아하는 것을 알기 때문이다. 언젠가 만났던 이웃집 독일 할머니는 아헨 시청에서 마련해준 여러 가지 평생교육 프로그램에 참여하여, 넥타이를 만들어 염색하는 법, 밀가루로 인형을 만들어 예쁜 색을 칠하는 방법, 방 안을 예쁘게 꾸미는 방법 등을 배운다고 좋아했다. 이에 덧붙여 어린아이들에게는 피아노나 첼로, 그리고 바이올린 켜는 교육 등을 거의 무료로 가르쳐주기도 했다. 남녀노소 누구에게나 예술을 접할 수 있는 기회를 제공해주고 있었다.

독일 국민들이 가진 이러한 분위기 속에서, 어릴 때부터 음악이나 미술에 소질이 있었던 사람들이 훌륭한 작곡가나 미술가가 되었을 것 같다. 도시 어디를 가든 사람이 많이 모이는 곳에는 음악 소리가 흘러나온다. '거리의 악사'라고 할까? 기타를 치는 사람, 하모니카를 부는 사람, 바이올린이나 첼로를 켜는 사람, 실로폰을 두드리는 사람들을 만날 수 있다. 거리의 악사들은 앞에 자신의 악기 케이스를 펴두고 있는데, 지나가던 사람들이나 음악을 듣고 서 있던 사람들이 호주머니에서 동전을 찾아 던져준다. 걸음을 겨우 걸을 수 있는 아이들도 어머니나 아버지가 준 동전을 악기 케이스에 던져 넣고 돌아온다. 거리에서 들려오는 음악 소리에 대한 고마움으로 자연스럽게 동전을 던진다.

독일이 유명 철학자를 많이 배출한 까닭은 사색을 돕는 흐린 날씨 때문은 아니었을까? 그리고 땅에서 나는 물에 석회질이 많아 그냥 마시기에는 적합하지 못해 마을마다 맥주를 빚었고, 지금은 그것이 독일을 대표하는 음식이 되었으니 부족한 것이 오히려 무엇인가를 더 잘할 수 있도록 해주었던 것 같다. 부족함을 탓하지 않고 그것을 이겨나갈 수 있는 지혜를 모을 방법을 찾게 해주었으니 풍족함보다 오히려 부족했던 것에 고마움을 보내야겠다.

베를린, 슈투트가르트, 프랑크푸르트, 함부르크, 쾰른 같은 큰 도시에는 어김없이 미술관, 박물관과 필하모니 음악관들이 있다. 라인 강가에 서 있는 쾰른의 대성당의 웅장함과 하이델베르크에 있는 '철학자의 길(Philosophenweg)', 본(Bonn)에서 만난 베토벤의 생가와 프랑크푸르트에서 본 괴테 하우스는 필자에게 강한 인상을 남겼다. 그리고 독일을 대표하는 벤츠 자동차회사와 포르쉐 자동차회사의 박물관을 보면서, 오랜 자동차 역사를 간직한 채 새로운 기술 개발을 위해 많은 노력을 하고 있음을 느낄 수 있었다.

한편으로는 독일 사회에 적응하지 못한 사람들의 모습도 함께 보았다. 사람들이 많이 모이는 역 주위나 길거리, 성당 부근에 쪼그리고 앉아서 구걸하는 사람들이 생각했던 것보다 쉽게 눈에 띄었다. 주변 국가에서 경제적으로 잘사는 독일로 모여든 탓일까? 사회 보장 제도가 잘되어 있다는 독일에서도 구걸하는 사람들이 많은 것을 보고 놀랐으며, 우리도 사회에서 약자들과 함께 살아갈 수 있는 방법을 늦지 않게 찾는 것이 매우 중요한 일이라 생각했다.

600년 역사를 가진 하이델베르크 대학교, 항구와 더불어 무역으로 발전한 함부르크 대학교, 나누어져 있던 도시가 다시 하나가 된 독일 수도에 있는 베를린 훔볼트 대학교와 베를린 공과대학교, 임시 수도였던 본의 본 대학교, 공학 분야가 뛰어난 아헨 대학교와 슈투트가르트 대학교, 음악가 바그너로 유명한 바이로이트 시에 있는 바이로이트 대학교, 현대 건축물들이 즐비한 프랑크푸르트의 프랑크푸르트 대학교 등을 방문하면서, 앞으로 올 세상과 현대 사회에서 생겨나는 여러 문제를 해결하기 위해서는 대학에서 여러 전공들이 함께 연구해야 하며, 이를 위해 갈수록 대학의 역할이 중요해질 것이라는 생각이 들었다.

이와 같이 독일의 '미래를 준비하는 과정'인 대학에서는 새로운 연구 분야를 찾고, 새로운 연구소를 세우고 있는 것이다. 기업체에서 하지 못하는 연구를 대학 연구소에서 해야 한다는 개념으로 운영되고 있는 것을 보면서, 앞으로의 세대를 준비하는 모습이 부럽게 여겨졌다.

앞으로의 세계는 생활을 편리하게 만들어주는 공학뿐만 아니라 미술과 음악을 즐기면서 삶의 여유를 누릴 수 있어야 하며, 한 가지 답만을 강조하는 세계에서 벗어나 인간을 깊이 생각하는 인문학적 개념에서 출발한 학문들이 우리 사회를 더욱 밝게 만들어줄 것을 믿게 되었다.

다양성을 인정하고, 사회의 요구에 충실히 답하며, 아무리 작은 것에도 가치를 부여하고, 원인과 결과를 함께 중시하는 독일 대학의 모습이 현재의 독일을 세운 진정한 힘이 아닐까 하는 생각이 든다.

2014년 가을
목학수

차례

독일을 지탱하고
있는 힘은 대학에
소속된 많은
연구소에서
교육된 훌륭한
연구원들로부터
나온다는 생각이
들었다.

1부

독일의
대학과 연구소

아헨 대성당의 모습. 시청과 함께 있어 웅장함이 돋보인다.

아헨 대학교와 도시

 독일 아헨 시는 오랜 역사를 지닌 도시이며, 카를 대제 (Carolus Magnus)가 중세 유럽을 호령할 때의 수도였다. 독일의 중서부에 위치해 있으며, 온천으로 유명하다. 이 도시는 2014년 현재 약 26만 명 정도의 사람들이 살고 있으며, 네덜란드, 벨기에와 국경을 접하고 있는 교통의 요충지이다. 아헨 시는 걸어 다녀도 될 정도로 작고 아담하다. 도시를 싸고 있는 순환도로가 귀엽게 여겨지며, 둥근 원 속에 있는 듯하다.

 유럽공동체가 되기 이전에는 국경을 넘을 때 형태와 색깔이 다른 제복을 입은 각국의 국경 수비대가 여권을 검사했지만, 지금은 유럽이 하나의 공동체가 되어 국경 수비대가 있던 작은 초소들이 말끔히 치워져 어디가 국경인지 알 수 없다. 아헨 시는 언덕 위에 세워진 도시라 할 정도로 오르막과 내리막이 많다. 대학생들이 자전거를 타고 대학의 강의실을 이리저리 찾아다니는 것이 힘들어 보인다.

 유럽의 도시들이 대부분 그러하듯이 도시의 중앙에는 시청 (Rathaus: City hall)과 대성당(Dom)이 사이좋게 서 있다. 아헨에 있는 대성당은 8세기 후반 카를 대제가 처음 세운 후 여러 번 증축되어 오늘에 이르렀으며, 독일 유적지 중 최초로 1978년에 유네스코 세계문화유산으로 등재되었다.

시의 역할은 무엇일까? 한 도시에 살고 있는 사람들의 역할은 무엇이며, 그 도시에 있는 대학의 역할은 또 무엇일까?

도시에 살고 있는 사람들이 행복을 느끼면서 삶을 살아갈 수 있도록 하는 것이 시의 가장 큰 목표일 것 같다. 불편함 없이 다른 도시와 비슷한 문화적인 활동도 하면서 살아갈 수 있는 방법을 찾고, 이러한 생활이 가능한 일자리를 창출할 수 있는 여러 가지 방법도 찾고 있을 것이다.

한 도시에 있는 대학도 고유의 기능이 있을 것 같다. 전국에서 아니면 주변에 있는 다른 나라에서 배우고자 모여든 학생들에게 사회와 인류가 질 높은 삶을 살 수 있는 방법을 찾도록 교육을 시키며, 대학의 많은 연구소에서 연구하는 일일 것이다. 젊은이들이 모이면서 도시는 활기차게 될 것이며, 이들의 연구 결과를 소리 없이 기다리는 국민들의 기대가 있을 것이다. 모여든 학생들이 좋은 교육을 받는 동안 문화적인 삶도 함께 누릴 수 있도록 준비해 주어야 할 것이다.

아름다운 도시란 자연 풍광이 좋은 도시를 말할 수 있지만, 무엇보다도 아름다운 도시는 미래를 향한 희망이 있는 도시를 말할 것이다. 젊은 학생들에게 꿈을 펼 수 있는 기회를 주고, 그 꿈의 실현을 위해 가지고 있는 능력을 잘 발휘하도록 해주는 곳이 진정 아름다운 도시라 할 수 있다.

시에서는 대학에서 하고자 하는 교육과 연구에 많은 관심을 가지고 바라보아야 한다. 감시자로서가 아니라 같이 나아가고자 하는 동반자 위치에서 서로 협력할 수 있는 길이 무엇인지를 찾아야 할 것이다.

아헨 시청의 모습. 사진 한가운데에 카를 대제의 동상이 보인다.

아헨 시와 그 속의 아헨 대학교를 보면서, 자연스럽게 하나의 의문이 생겼다. 아헨 대학교가 (유럽을 대표할 정도로) 훌륭한 이유는 무엇일까? 아헨 시는 대학에 어떤 투자와 지원을 했으며 대학에서는 또 어떤 노력을 했을까?

1870년에 세워진 아헨 대학교의 본부 건물

크지는 않지만 역사가 오래된 도시에 좋은 대학이 있는 배경에는 시나 주 정부, 그리고 대학 스스로의 무엇인가 남다른 노력들이 분명히 있었을 것이다.

1870년 10월 10일 노르트라인베스트팔렌 주에 설립된 아헨 대학교의 공식 명칭은 라인 베스트팔렌 아헨 공과대학(RWTH Aachen: Rheinish-Westfaelische Technische Hochschule Aachen)인데, 실제로는 85개 전공이 있는 종합대학교이다.[1] 2013~2014년도에는 4만여 명의 학생이 있었으며, 2012년 기준으로 예산은 대학병원 예산을 포함하여 1조 100억 원($1.01 billion)의 규모이다. 독일의 도르트문트와 에센을 중심으로 하는 루르(Ruhr) 지역의 공업 발전, 더 나아가 독일의 공업 발전을 이룩하는 데 필요했던 고급 인력 양성에 아헨 대학교가 많은 기여를 하였다. 역사를 좋아하는 국민답게, 종합대학의 면모를 가진 지금도 처음 대학이 생길 때 사용한 명칭을 그대로 사용하고 있다. 대학을 대표하는 표어는 "미래를 생각한다(Zukunft denken. Thinking the future.)"이다.

아헨 대학교에는 약 260개의 연구소가 있으며, 매년 5,500명 정도 신입생이 들어오며, 전체 학생의 약 18%는 외국 학생들이다. 아헨 대학교는 연구소들로 이루어진 대학이라 해도 될 정도로 많은 학문 분야를 연구하는 연구소가 있다.

대학에서 이루어지고 있는 교육은 철저히 실용주의를 택하고 있다. 자연과학 및 공학 분야의 강좌는 보통 교수에 의한 강의와 실습 조교들의 도움으로 이루어지는 문제 풀이와 실험 및 실습으로 구성되어 있다.

대학의 강좌는 연구소를 중심으로 이루어지며, 강의를 나타내

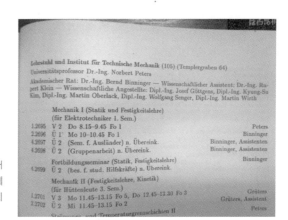

아헨 대학교에서 이루어
지는 강의 소개 책자. 제
일 윗줄에 표시된 것이
연구소 이름이다.

는 V(Vorlesung)와 문제 풀이 · 실습을 나타내는 Ü(Übung)로 한 강
좌를 구성하고 있다. V로 표시된 교수에 의한 수업에서는 원리와
이론 중심으로 지식을 전달받고 있으며, Ü로 표시된 강좌는 보
통 과목 조교에 의해 이루어지는 문제 풀이와 실험 및 실습을 통
해 학생 본인 스스로 그 원리와 이론을 익히는 단계이다. 이를 통
해 수업의 완성도를 높이고 있는 것이다. 강의와 함께 실습을 강
조한 강의를 듣고 졸업한 학생들은 현장 적응 능력이 뛰어나다.

　독일의 대학은 우리나라의 학부과정과 석사과정을 합한 학부,
석사 통합과정으로 되어 있으며, 이를 마쳤을 때에는 석사 학위인
디플롬(Diplom) 학위를 받게 된다. 디플롬 과정을 자세히 들여다
보면, 대학에 입학한 학생들이 공통으로 들어야 되는 교과목들로
구성되어 있는 포디플롬(Vor-Diplom: 석사 전 과정) 단계와 각자의
전공이 정해지는 석사가 되기 위한 주요 교과목이 있는 하웁트
디플롬(Haupt-Diplom: 주 석사과정) 단계로 나눌 수 있다. 포디플롬
과정의 강의들은 주로 대학의 중심에 위치한 대형 강의실에서 이

루어지며, 하웁트디플롬 과정의 수업은 대학에 소속되어 있는 여러 연구소에서 전공 분야별로 이루어진다. 독일 대학생들이 대학에 입학하여 석사과정까지 한꺼번에 마치는 디플롬 과정은 보통 5년 반에서 6년 정도를 필요로 한다.

사회에 필요한 인재를 육성하기 위해서는 교육 제도 개선을 끊임없이 고민해야 한다. 우리나라에서도 얼마 전부터 학사와 석사 연계 과정이 생겨 운영 중에 있지만 아직 그렇게 활성화되어 있지 못하다. 대학에 들어온 학생이 학부 4년을 마치고 나서 다시 석사 과정으로 올라갈지 고민하는 모습을 볼 때, 특별한 절차 없이 학부, 석사과정을 한꺼번에 이수하게 하는 독일 학부과정을 한 번쯤 검토해볼 만하다고 생각한다. 이를 통해 대학을 졸업하는 학생들이 사회 및 산업 현장에서 바로 이용될 수 있는 충분한 지식을 습득할 수 있도록 해야 할 것이며, 더 나아가 다가오는 미래의 사회에 필요한 인재들을 어떻게 양성할 것인지에 대해서도 깊이 있게 연구해야 할 것이다.

무엇보다도 젊은 학생들이 몰려드는 아헨 시와 아헨 대학교가 무척 부럽다.

　　오랜만에 옛날에 다녔던 공작기계 및 생산공학 연구소(WZL, Werkzeugmaschinenlabor: Laboratory for Machine Tools and Production Engineering)를 찾았다. 현재 이 연구소의 소장은 균터 슈(Prof. Dr.-Ing. Günther Schuh) 교수이며, 프라운호퍼(Fraunhofer) 협회에 소속된 생산기술연구소(IPT, Fraunhofer-Institut für Produktionstechnologie)의 소장을 동시에 맡고 있다. WZL과 IPT에서는 4명의 교수가 돌아가면서 순차적으로 연구소 소장을 맡고 있다.[2]

　　1949년에 설립된, 독일이 자랑하는 연구 기관 중의 하나인 프라운호퍼 협회(Fraunhofer-Gesellschaft)는 현재 독일 내 66개 연구소와 23,000여 명의 직원을 둔 출연연구기관이다. 직원은 대부분 자연과학자이거나 공학자이며, 예산의 30~40% 정도는 독일의 연방 및 주 정부로부터 받고 있다. 60~70% 정도는 기업체나 공공단체와 계약한 연구 과제를 수행함으로써 들어오는 수입이다. 2012년 기준으로 연간 예산은 약 19억 유로(2.64조 원)이다.[3]

　　프라운호퍼 협회 소속의 연구소들은 순수 과학 기술에 대한 연구는 수행하지 않고, '응용과학 및 기술'에 대한 연구를 수행하고 있다. 이 연구 협회에서는 보건 및 영양에 대한 연구, 에너지에 관련된 연구, 고효율을 지향하는 생산기술에 대한 연구, 물류 및 정

프라운호퍼 협회 소속의 레이저 연구소(ILT)

보통신에 대한 연구 등을 중점적으로 하고 있다. 이를 통해 실제로 산업체에 많은 도움을 주고 있으며, 응용이 잘 되는 특허들이 이러한 연구 수행으로부터 나오고 있다.

아헨 대학교에는 네 개의 프라운호퍼 연구소를 유치해서 운영하고 있는데, 공정 기술, 생산 기계, 메카트로닉스, 품질 측정 기술 등을 연구하는 생산기술연구소(IPT)와, 새로운 레이저빔 소스 및 주변 요소의 개발과 레이저 측정 기술을 개발하는 레이저 연구소(ILT, Fraunhofer-Institut für Lasertechnik)가 있다. 그리고 정보 시스템의 체계적인 연구를 하고 있는 응용정보기술연구소(Applied Information Technology, FIT)와 분자생물학과 생태학에 대한 연구를 하는 분자생물학 및 응용생태학 연구소(Fraunhofer-Institute for

공학자의 눈으로 본
독일 대학과 문화

아헨대학교 소속의 합성 소재 연구소(IKV)

Molecular Biology and Applied Ecology)가 있다.

실용주의를 모토로 한 프라운호퍼 협회의 정신이 연구에 반영되어, 연구를 통해 얻어진 응용 가능한 과학과 기술이 제품 생산에 바로 적용될 수 있게 한다. 프라운호퍼 연구소에서는 선행 연구도 많이 하고 있다. 응용 연구로 얻어진 연구 결과들은 기업에서의 어려운 문제들을 해결하는 데 많은 도움을 주고 있으며, 사회의 부를 창출하고 일자리를 새로 만들어가는 데 크게 기여를 하고 있다. 독일이 세계의 제품 시장에서 품질의 대명사가 된 이유가 이러한 '실용주의'에 입각한 연구의 결과라는 생각이 든다.

균터 슈 교수가 맡고 있는 연구소의 연구팀장을 맡고 있는 베르크바일러 박사(Dr.-Ing. Bergweiler)를 만나 연구 분야에 대해 많은 이야기를 마치고 나오면서 이런 생각이 들었다. 어떤 연구 기관이 어떤 원칙과 전략에 의해 생겨났는지에 따라 사회에 기여하는 바가 다를 것이다. 대학에서는 '앞으로 필요한 분야, 남들이 하기 쉽지 않은 분야, 더 나아가 세계의 산업을 이끌고 갈 수 있는 분야, 기업체 연구소에서 하기 어려운 분야' 등을 연구할 수 있는 연구소가 생겨나야 할 것이다.

많은 연구소들이 한곳에 모여 있는 모습이 눈에 들어온다. 아헨 대학교 소속 연구소인 WZL과 자동차연구소(IKA, Institut für Kraftfahrzeuge), 프라운호퍼 연구소인 IPT와 ILT연구소, 대학교 소속의 합성 소재 연구소(IKV, Institut für Kunststoffverarbeitung in Industrie und Handwerk) 등이 같은 지역에 있다. 많은 교수들과 박사과정 연구원들이 함께 어울려 연구하고 있는 모습이 부러웠다. 이런 연구소들이 같은 지역에 있음으로써 연구 결과의 시너지 효과를 거둘 수 있게 한 것이다.

눈을 돌려 보니 많은 연구소들 가운데 빈 공간에 새로운 건물이 들어서고 있었다. 무슨 연구소냐고 물었더니, 놀랍게도 어린아이들이 사용할 어린이집인 킨더가르텐(Kindergarten)을 짓고 있다며, 올해 2014년 10월경에 완성이 된다고 했다. 연구소 주위의 부지는 시에 속한 것일 수 있으며, 개인 혹은 종교 단체에 어린이집의 운영권을 주는 것 같다.

독일의 킨더가르텐은 사회적인 어려움에 놓인 어린이들을 위한 기관으로, 산업화 이후 낮은 급여로 맞벌이를 하지 않으면 안 되는 가정의 어린아이들을 돌보는 역할을 했다. 즉, 부모가 일하러 나간 시간 동안 어린이들을 돌보기 위한 시설인 것이다. 이를 통

공학자의 눈으로 본
독일 대학과 문화

연구소들로 둘러싸인 곳에 어린이집을 짓고 있는 모습

해 어린이에게는 사회성을 길러주고, 어머니에게는 사회 참여도를 높일 뿐 아니라 자녀 양육의 부담을 줄여주는 효과가 있었다. 킨더가르텐에서는 어린아이들에게 쓰기, 읽기, 셈하기 등을 가르쳐주는 것보다는 호기심이 많은 아이들에게 놀기, 움직이기, 이야기 듣기, 상상력 키우기, 생각한 것을 자유롭게 그리기 등에 많은 시간을 보낸다. 연구원들의 자녀가 연구소 바로 옆에 있는 킨더가르텐에 있다는 생각으로 정신적인 안정감을 주어 많은 연구 성과를 얻을 수도 있을 것이다.

이뿐만 아니라, 짓고 있는 건물 바로 옆에 생활에 필요한 일반 생활용품들을 살 수 있는 대형 쇼핑몰도 함께 들어설 예정이라고 한다. 주변에 있는 많은 연구소의 연구원들과 아헨 시민들을 위한 편의 시설이 연구소들과 함께 어우러지는 모습을 생각해보니, 아헨 시의 배려가 한층 부럽기도 했다.

현재 독일에 있는 많은 대학에서는 미래를 준비하는 중요한 일로 많은 연구소들을 세우고 있는 것을 여기서 분명히 볼 수 있었으며, 연구 분야도 미래를 선도할 수 있는 과제들이었다. 이를 위해 연방 정부와 주 정부, 그리고 기업의 투자가 이루어지고 있는 것이다. 이것을 보면서 느낀 것은, 미래에는 준비하는 나라가 세계를 이끌고 갈 것이 분명하다는 것이다.

다가올 미래를 위해 대학에서는 새로운 연구 분야를 찾고, 정부에서는 연구를 지원해줄 수 있는 정책을 고민하며, 기업에서는 투자와 함께 연구의 결과를 바탕으로 세계를 이끌어갈 제품 개발에 혼신의 힘을 기울여야 할 때인 것 같다. 여기 이렇게 와서 보니, 우리도 무엇인가를 열심히 해야 하는 '지금'을 놓쳐서는 안 될 것 같았다.

공학자의 눈으로 본
독일 대학과 문화

    1,000석이 넘는 자리가 있는, 아헨 대학교에서 가장 큰 대형 강당이 있다. 대학에 입학한 신입생이나 2학년을 대상으로 하는 교과목은 대형 강의가 많다. 학생들이 반드시 들어야 되는 대형 강의를 여러 분반으로 나누지 않고, 한 번의 대형 강의로 마친다. 아래 사진은 아헨 대학교 학생이 가장 많이 들어가서 수업을 받을 수 있는 대강당이 위치한 아우디막스(Audimax)이다. 이 이름

아헨 대학교의 아우디막스

은 '최대의 강의실(Auditorium Maximum)'에서 따왔다.[4] 이 건물에는 여러 개의 강의실이 있어 교양 및 기초 교과목에 대한 대단위 강의가 주로 이루어진다. 대학 본부 건물과 가까이 있으며, 대학의 중앙에 위치하고 있어 학생들의 접근성이 좋다.

대형 강의를 받게 되는 학생들에게 강의의 질적인 측면에서 불이익이 없도록 하기 위해 강의실의 형태는 계단식으로 되어 있으며, 강의 내용을 뒤에 앉아 있는 학생들도 잘 볼 수 있도록 대형 스크린이 둥글게 휘어 있다. 강의를 진행하는 교수의 음성이 잘 전달될 수 있도록 성능이 매우 좋은 오디오시스템도 함께 설치되어 있다.

혹시라도 강의 중에 음향기기나 빔프로젝터가 고장이 나서 수업의 진행에 차질을 주지 않게 하기 위해 학생들을 위한 강의용 기자재는 최고급 기종으로 선택한다. 즉, 학생을 위한 수업용 장비는 정해진 시간에 정해진 교과목 수업을 원활히 진행할 수 있도록 고장이 없어야 하며, 또한 품질이 뛰어나야 한다. 최저가로 낙찰되어 들어오는 우리나라 조달체계와 차이가 있는데, 이러한 제도는 개선해야 할 것이다.

1983년경에 필자의 지도교수인 에버스하임 교수(Prof. Dr.-Ing. W. Eversheim)가 맡았던 '생산체계론(Produktionssystematik)' 강의는 학부 학생들에게는 필수 교과목이었으며, 850여 명이 한 번에 수강을 했다. 현재 우리나라 대학의 경우와 같이 50명을 한 반으로 분반을 할 경우 17개 반으로 나누어지며, 이를 위해서는 많은 교수들이 강의를 맡아야 했을 것이다.

대형 강의를 작은 규모로 나누어 하지 않는 이유를 물었다. 분

아우디막스의 강의실 내부

반을 하게 되면 동일한 교과 내용을 한 교수가 여러 번 하든지,
아니면 여러 명의 교수가 수업을 해야 하는 불편함을 줄일 수 있
다고 했다. 학습 효과를 줄일 수 있는 여러 가지 사항들을 사전에
없앤다면 저명한 교수의 수업을 동시에 많은 학생들에게 들려줄
수 있는 기회가 되어서 좋을 것 같다. 대형 강의에 대한 실험 실습
은 실험 조교가 맡게 되는데, 이러한 지원 체계가 잘되어 있어야
대형 강의의 효과를 높일 수 있다.

현재 필자가 몸담고 있는 부산대학교에는 이와 같이 큰 대형
강의실이 없음에 안타까운 마음이다. 학생이 2만 명이 넘으며, 교
직원이 2천 명이 넘는 대학에서는 분명히 이런 대형 강의실이 필
요하다. 2014년 7월 17일 부산대학교 본관 3층 대강당에서 한비

야 씨의 '무엇이 그대의 가슴을 뛰게 만드는가?'라는 특강이 있었는데, 학생들의 꿈을 펼치기 위해 최선을 다해야 한다는 내용이었다. 이 특강을 듣기 위해 참석한 학생들로 대강당의 좌석은 다 찼으며, 많은 학생들이 강당 바닥에 앉아서 들었다.

대학의 역할 중 하나는 훌륭한 인재를 육성하는 것인데, 이를 위해서는 대학에서도 좋은 수업이 될 수 있도록 강의 지원 체계를 잘 갖추는 것이 무엇보다도 중요한 일이다.

아헨 대학교의 대학병원(Universitätsklinikum Aachen: University Hospital Aachen)은 아름다운 푸른빛이 있는 유리와 웅장한 모습, 그리고 외벽에 설치되어 있는 여러 종류의 관들로 벌판에 서 있는 어느 회사의 화학공장처럼 보인다. 이 대학병원은 1972년에 건설되기 시작했으며 6,600개의 병실이 있다.[5]

대학병원 외벽에 여러 종류의 관들이 나와 있는 이유는 환자의 병에 따라 다른 병원체를 다른 방법으로 소독하는 체계를 갖추고 있기 때문이라고 한다. 즉, 여러 종류의 중환자실에서 나오는 병균의 종류에 따라 독립된 소독시스템을 가지고 있기 때문에 이렇게 복잡한 대형 관들이 외부에 노출되어 있다고 한다.

벽은 색이 들어 있는 유리로 처리를 했으며, 입원실에서 환자가 바깥을 잘 볼 수 있도록 해두었다. 오래전에 설계하여 건설한 병원이지만, 에너지 효율을 높이기 위해 병실의 외부 벽을 두 겹의 유리벽으로 만들었다.

대학병원이 흡사 공장같이 건설되었지만, 의료시설에 대한 투자, 즉 최신 의료 시설과 매우 유능한 의료진으로 유럽 내에서는 최고의 병원으로 평가를 받고 있다. 병원 내부에 있는 공간이나 복도의 모습은 꼭 미술품을 전시해두는 갤러리 같은 분위기이며, 이것은 환자의 빠른 쾌유를 위한 배려인 것이다.

멀리서 본 아헨 대학병원의 외관

미술관의 모습과
흡사한 아헨 대학
병원 입구 모습

1986년 12월 필자가 공학 박사 시험을 보고 난 후, 이 병원에 입원하여 담석증 수술을 받았었다. 수술을 받은 환자들은 감염에 대비하여 반드시 독립된 1인 병실을 사용하게 했다. 그때 필자는 유학생 신분이었지만 의료 보험료를 납부했기에 수술비나 약값을 추가로 지불하지 않았고, 1인실에서 열흘 정도 치료를 받았다. 이것을 직접 체험하면서 독일의 대학병원은 영리를 목적으로 하지 않고, 국민 건강을 위한 기관임을 알게 되었다. 이것은 주 정부 기관인 대학병원을 위해 정부 차원에서 많은 재정 지원이 있어야 가능한 일이며, 영리 추구보다는 국민을 우선적으로 생각하는 개념이 서 있는 나라에서 가능한 일이다. 필자가 지금도 그때를 생각하면 기분이 좋아지는 이유는 '국민을 위해 서비스하는 국가'란 무엇인지 느꼈기 때문이다.

그때 경험했던 또 다른 일이 하나 더 있었다. 퇴원할 때 수술을 받았던 기록이 필요하여 담당 의사에게 증명서를 요청하니, 이 의대 교수는 녹음기인 워크맨을 서랍에서 꺼냈다. 그러고는 증명서에 적을 내용을 녹음한 뒤 녹음된 테이프를 워크맨에서 빼 사무직원에게 타이핑하게 했다. 타이핑이 끝나자 의대 교수는 내용을 확인하고 사인해서 필자에게 주었다. 의대 교수는 자신이 적어야 할 내용을 말하기만 하면 되고, 사무직원은 빠르게 타이핑을 할 수 있었다. 이 모습을 보면서 업무의 분담이 참 잘되어 있다는 생각을 했다. 담당 의사가 타이핑할 경우 시간이 오래 걸리는데, 그 시간에 또 다른 의료 행위를 하는 것이 노동생산성 측면에서 더 효율적이기 때문이다. 즉, 한 기관의 구성원들이 각자 위치에서 자신이 해야 할 일들을 잘하고 있음을 보았다.

대학병원에서 의료 시설을 잘 갖추고 환자의 빠른 치료를 위해 많은 노력을 하는 것이 본연의 의무이겠지만, 주 정부에 소속된 대학병원이 영리 추구보다 국민들의 복지 차원에서 운영되고 있음이 보기에 좋았다. 무엇보다 우선시되어야 하는 것은 대학병원에 근무하는 의료진들이 잡일에서 해방되어 자신의 의료 행위와 연구를 적극적으로 할 수 있게 도와주는 체계를 구축하는 것이리라.

공학자의 눈으로 본
독일 대학과 문화

아헨 대학교에 있는 260여 개 연구소 중 연구원 수나 연구 과제 수행이 가장 큰 연구소는 아마도 공작기계 및 생산공학 연구소(WZL)일 것이다. 이 연구소에서는 생산시스템, 가공공정 기술, 공작기계 및 자동화를 위한 품질보증 기술 등에 대한 교육 및 연구가 광범위하게 이루어지고 있다.

이 연구소는 1906년 아돌프 웰릭스 교수(Prof. Dr.-Ing. E. h. Adolf Wallichs)에 의해 세워졌으며, 1936년부터 연구소 소장을 맡은 헤르바르트 오피츠 교수(Prof. Dr.-Ing. Dres. h. c. Herwart Opitz)에 의해 많은 연구 과제 수행에 필요한 연구 인력이 급속도로 증가하게 되었다. 오피츠 교수는 37년 동안 연구소 소장직을 수행했다. 1979년에는 이 WZL연구소 이름을 오피츠 교수의 위대한 업적을 기리기 위해 '헤르바르트 오피츠 하우스(Herwart-Opitz-Haus)'로 부르게 되었다.[6]

오피츠 교수는 많은 연구 과제를 수행했기 때문에 연구원이 많이 필요했다. 이 문제를 해결하기 위해 석사과정에 있는 대학원 학생들이 연구에 보조원으로 일을 할 수 있도록 하는 '히비(HiWi, Wissenschaftliche Hilfskraft, Research Helper) 제도'를 도입하게 되었다. 이것은 연구소 연구원들의 역할을 극대화시키기 위해 꼭 필요한 제도였다. 연구원은 연구 과제의 주요 부분을 맡아 연구하고, 석사과정에 있는 히비 학생들에게는 어떻게 연구가 진행되는지 볼 수 있는 기회를 준다. 히비 학생들은 일주일에 최대 19시간 미만으로 연구 보조원으로 활동할 수 있다.

오피츠 교수를 기억하기 위해 WZL연구소 입구에 청동으로 만든 오피츠 교수의 흉상이 있다. '작은 거인'으로서 오피츠 교수의 업적은 이 연구소와 함께 빛나고 있다.

오피츠 교수는 세상을 떠나기 전 1973년부터 4명의 교수(W. Eversheim, W. König, M. Weck, T. Pfeifer)들을 뽑아서 순차적으로 돌아가면서 WZL연구소의 소장을 맡도록 했다.

교수로서 가장 중요한 임무는 학생들에게 교수가 가진 학문적인 지식과 경험을 잘 전달해주는 것이다. 전달한 내용을 학생들이 잘 숙지할 수 있도록 하기 위해 연습 문제도 풀어주고 필요에 따라서는 실험과 실습도 해야 한다. 연구를 통해 얻어진 연구 수행 과정과 연구 결과들을 학생들에게 소개해줌으로써 학습의 효과를 최대화해야 한다.

대학의 교수가 대학에서 학생들을 가르치고 남는 것은 무엇일까? 아마도 오랫동안 여러 사람들의 기억에 남을 명성일 것이다. 대학을 졸업한 학생들에게서, 혹은 교수의 연구 분야와 관련된 사회 조직에서 교수의 높은 연구 결과와 교수 개인의 좋은 인품으로 회자되고 있을 때 교수는 큰 보람을 느낄 수 있을 것이다. 따라서 교수는 학생들에게 모범이 될 수 있는 인품을 보여주어야 한다. 인간이 먼저라는 생각으로 학문 이전에 인간이 지켜야 할 것을 가르쳐주어야 한다. 이를 통해 학생들은 사회에서 필요한 인재로 자랄 수 있을 것이며, 학생들은 교수의 이름을 즐겁게 기

공학자의 눈으로 본
독일 대학과 문화

새로운 연구소인 Manfred Weck Haus

억하게 될 것이다.

1982년 필자가 이 연구소에서 연구원으로 생활을 시작했을 때, 연구소 입구에 세워진 오피츠 교수의 흉상을 보면서 "어떻게 하면 저런 교수가 될 수 있을까?" 생각했다. 비록 오래전 생각이었지만 오늘 이렇게 다시 연구소 입구에서 오피츠 교수를 만나보니 그때의 마음이 되살아났다.

WZL의 교수 네 명 중 한 사람인 Weck 교수의 이름을 따서 WZL 옆에 새로운 연구소 건물(Manfred Weck Haus)이 세워져 있는 것을 보았다. 독일 대학에서는 이렇게 유명한 교수의 이름을 따서 건물명으로 사용하는 경우가 많은 것을 보며, 우리나라에서도 대학 내의 건물명을 약간은 무미건조하게 느껴지는 번호로 구별하는 것을 피하면 어떨까 생각해보았다. 건물을 찾을 때 번호로 되어 있으면 편리한 점도 있겠지만 정서적으로 삭막한 느낌이 든다. 대학생들이 강의실이 있는 건물을 부를 때, 번호로 건물명을 부르는 것보다는 대학의 이름을 빛낸 교수의 이름을 부르게 함으로써 자긍심을 심어줄 수 있을 것이다.

대학에서 연구 업적이 뛰어난 교수는 대학의 무한한 자산 가치가 있다. 이러한 교수들로 인하여 재학 중인 대학생들에게는 자신도 언젠가는 저렇게 뛰어난 사람이 될 수 있다는 꿈이 생기며, 대학을 진학하고자 하는 고등학교 학생들에게는 그들이 가고 싶어 하는 대학이 될 수 있을 것이다. 대학에 근무하는 유명한 교수의 인적 자원이 학생들에게 긍지를 느끼게 해줄 수 있을 것이기 때문이다.

아헨 대학교에는 260여 개의 연구소가 있다. 연구소의 모임이 곧 대학이라는 느낌이 든다. 아헨 시 곳곳에 대학의 연구소 건물들을 볼 수 있다. 도시 여러 곳에 흩어져 있는 크고 작은 건물 앞에 대학 연구소라고 쓰인 작은 간판을 쉽게 찾을 수 있다. 아헨 대학교의 85개 이상의 학과와 함께 많은 연구소에서는 활발한 산학협력을 중심으로 많은 연구를 하고 있는데, 이것은 학생들에게 실용학문의 바탕을 이루게 해준다.

공작기계연구소, 레이저연구소, 정보기술연구소, 섬유연구소, 터빈연구소, 전기장치연구소, 용접 및 조립기술연구소, 분말공정연구소, 공정기술연구소, 자동차연구소, 분자생물학연구소, 철강연구소, 지질기술연구소, 기차연구소, 물연구소, 초음파연구소 등 많은 연구소들이 아헨 대학교에 있다. 이와 같이 대학 내 연구소가 많은 이유는 다양한 학문의 분야에 따른 연구를 수행하기 때문이다. 즉, 학문의 특성에 따라 여러 연구소가 설립되어 운영되고 있다. 한 학과에도 여러 분야가 있듯이, 주 정부에서는 이들 분야에 따라 연구소가 필요하다고 판단될 경우 연구소에 대한 기본 지원을 결정한다. 연구원 1명이 있는 연구소라도 연구소의 소장인 교수를 위한 비서와 연구소를 지원하는 기술자가 있으며, 이는 주 정부의 지원을 받는다. 연구소를 맡고 있는 연구소 소장의 노력에 의해 연구원의 수가 결정되는데, 이것은 수행하는 연구 과제 수와 비례한다.

이렇게 많은 연구소의 크기도 다양하다. 연구소의 소장은 보통 대학에 속해 있는 교수가 맡고 있다. 연구원의 수가 1명 있는 연구소부터 한 교수 밑에 60여 명이 넘는 연구원이 있는 연구소도 있다. 연구소의 크기가 크고 작음에 따라 연구 과제의 수가 차이가 나겠지만, 교수들은 이것에 개의치 않는 분위기이다. 즉, 연구원의 수와 연구 결과는 교수의 업적 평가에 심각한 영향을 미치는 것은 아니다.

강의실에서 기초적인 학문을 배운 뒤 산업과 직접 연계된 과제를 수행하는 동안 실제 구현할 수 있는 능력을 가질 수 있게 해주는 곳이 대학에 속해 있는 연구소들의 역할이다. 대부분의 연구소에서는 많은 산학 연구 과제들이 수행되고 있다. 석사과정인 디플롬 과정에 속해 있는 학생들은 연구소에서 수행하는 과제 속에서 원리가 어떻게 적용되며, 실제 실험 데이터들을 어떻게 뽑아내어서 이용할 것인지를 고민하면서 연구보조원으로 일을 한다.

공학부 학생들은 공학석사과정(Diplom-Ing.)을 마치기 전에 반드시 6개월 이상 기업체 현장 실습을 해야 한다. 방학 중 기업체에서 인턴으로 일을 해도 되며, 한 학기를 휴학하며 6개월의 실습 과정을 마쳐도 된다. 이는 자신이 전공하고 있는 학문이 적성과 맞는지를 알아보는 좋은 기회를 제공한다. 이를 통해 얻은 경험은 연구소의 연구원이 되는 데 많은 도움을 준다.

연구소에는 박사과정에 있으면서 연구원으로 있는 사람과, 연구를 도와주는, 즉 자료를 뽑고 실험 데이터를 수집하며 연구를 도와주는 사람들이 있다. 디플롬 과정에 있는 학생들이 주로 연구를 도와주는 역할을 하는데, 이 학생들이 장차 현재 다니고 있는 연구소의 정식 연구원이 되기 쉽다. 연구소에서 수행되는 연구 과제의 성격을 잘 알 뿐만 아니라, 연구 보조 업무를 수행하면서 겪은 경험들이 크게 도움이 되기 때문이다. 연구 보조 업무를 맡고 있는 학생들에게는 연구 과제에서 연구 보조비를 지원받을 수 있을 뿐만 아니라, 연구 보조 업무를 수행하면서 얻어진 결과를 중심으로 자신의 석사학위 논문을 쓸 수 있는 기회가 주어지기 때문에 많은 대학생들이 이 같은 연구 보조 업무를 하고자 한다.

대학에 많은 연구소가 있다는 것은 대학생들에게 자신의 능력을 발휘할 수 있는 기회가 많다는 것을 의미하기도 한다. 이를 통해 260여 개의 연구소에서는 산업체가 원하는 연구의 결과와 기술들이 개발되고 있다. 기업들의 요구에 따라 최고의 기술을 개발하고, 기업에서 이것을 이용하여 최고의 제품을 만들 수 있도록 도와주는 것이 대학에 있는 연구소의 주된 목표라 할 수 있다. 따라서 대부분의 연구 과제들은 기업과 공동으로 이루어지며, 70~80% 이상이 응용분야의 연구들이다. 실제 산업현장에 도움이 되지 않는 기술은 대학 연구소에서는 큰 의미가 없음을 뜻한다.

연구소의 크기는 다양하다. 사회나 기업에서 박사급 인재를 많이 요구하는 분야의 연구소에는 많은 연구원들이, 적게 요하는 분야의 연구소에는 몇 명의 연구원이 있다. 즉, 연구소의 규모는 사회와 기업체에서 투입하는 연구비의 크기와 밀접한 관계가 있다. 또한 한 대학에 이렇게 많은 연구소가 있는 이유는 매우 다양한 분야에서 인재를 요구하고 있기 때문이다.

아헨 대학교를 방문하면서 독일을 지탱하고 있는 힘은 대학에 소속된 많은 연구소에서 교육된 훌륭한 연구원들로부터 나온다는 생각이 들었다.

세상은 앞으로 단순한 삶에서 더욱 복잡한 사회로 옮겨 살 것이다. 이에 따라 복잡해지고 다양해지는 사회에 적합한 인재가 많이 필요하게 될 것이며, 대학에서도 이를 위한 융합교과목 준비를 해야 한다. 여러 선진국에서는 오래전부터 여기에 대한 준비를 하고 있으며, 우리나라 대학들도 이에 대한 준비를 많이 해 오고 있다.

융합 교과목이 필요한 분야들을 적어본다면 다음과 같다. 과학 기술과 사회의 관계, 환경과 에너지의 관련성, 소재공학과 생산공학의 관계, 생명 기술과 의학의 관계, 기술과 문화의 관계, 생명과학에서의 윤리성, 정보처리기술과의 응용 분야, 노동시장과 사회의 관계, 빅 데이터를 이용한 사회현상 분석, 한의학과 현대의학의 협력, 통계학을 금융공학에 응용하는 것, 사회 및 기술의 관계를 엮은 새로운 법 제정 등 복잡한 사회에서 올 수 있는 복잡성을 함께 교육해야 될 필요성이 생겨난 것이다.

이에 덧붙여, 표면 가공기술의 응용 분야, 임플란트 기술과 의공학 분야, 기술과 정치, 원자력 안전 및 동위원소를 이용한 치료 방법, 자동차 공학에서의 환경공학, 언어 치료학과 교정의학, 신경과학과 음악의 관계, 패션과 제품설계 분야의 협력 관계, 폐기물과 소재 공학, 물류 분야와 배기가스 분야, 자원 리사이클링을 위한 환경 및 정책, 해체를 위한 체결 기술 및 소재 공학, 세계 시장의 블록화에 따른 경제 정책, 의료 기구의 미세화에 따른 설계, 복잡한 사회와 정신학, 의학에서의 측정기술 응용, 교정과학과 기구학, 생산공학과 원가공학, 제품에서의 인간공학의 활용 분야, 광업과 환경공학 관련 법규, 환경과 수질 보호 법규, 다문화 가족과 문화 등 많은 분야에서 융합 학문이 필요하게 된다.

이렇게 다양하고 복잡한 사회를 대비하기 위한 융합 교육의 답을 단과대학 및 단일학과들의 관계에서 찾을 수 있을 것이다. 전반적인 사회 현상에 대해 연구하는 사회과학대학과 법과대학, 소재의 특성을 다루는 재료공학과와 치과대학, 인공관절을 연구하는 정형외과와 기계공학, 조립공학을 연구하는 기계공학, 신체 구성 요소를 연구하는 정형외과와 재료공학, 대형 빌딩의 건설을 위한 건축공학과 토목공학, 생물학을 연구하는 생명과학대학과 약리학을 연구하는 약학대학, 사람 중심의 약리 작용에 대하여 연구를 하는 약학대학과 의과대학 및 생명과학대학, 곤충학을 연구하는 생명자원과학대학과 로봇공학 등 복합적으로 동시에 고려해야 할 분야가 매우 많다.

몇 년 전에 아헨 대학교에서 환경과 에너지 및 자동차에 관련된 분야에서 7명의 교수들이 '생물학을 위한 생태학(Einführung in die Ökonomie für Biologen)'이라는, 복합적인 문제들을 다루는 교과목을 개설하여 학생들에게 제공하였다. 이 교과목은 네덜란드의 마스트리흐트 대학교(University of Maastricht)에서 환경학을 공부하는 학생들과 아헨 대학교에서 생물학을 전공하는 학생들을 위한 강좌였다. 아헨 시와 마스트리흐트 시는 40여 킬로미터가 떨어져 있다. 교수의 강의는 금요일 오전 열 시부터 낮 열두 시까지 있으며, 바로 이어 금요일 낮 열두 시부터 오후 네 시 사이 실험 조교들에 의해 실험 실습 및 문제 풀이가 이루어진다.

융합 교과목을 담당하는 여러 교수들이 수업을 듣는 학생들에게 '각 전공 분야를 충실히 가르치면서, 다른 분야와의 관련성에 대하여' 토의하면서 앞으로 부딪힐 문제들에 대한 답을 찾을 수 있도록 준비시키고 있는 것이다. 이것이 융합 교과목을 운영하는 진정한 이유일 것이다.

아헨 대학교는 나라가 달라도 가까이 있는 대학과 공동으로 융합 교과목을 제공하고 있음이 무척이나 부럽게 느껴졌다. 우리나라 대학교에서도 현재 많은 융합 교과목이 개설되어 운영되고 있지만, 보다 폭 넓은 융합 교과목을 많은 학생들에게 제공해야 할 필요가 있다. 한 대학 내에서, 혹은 같은 지역에 있는 대학 간에 함께 개설될 수 있는 융합 교과목 분야를 찾아야 한다.

대학에서는 장기적인 계획을 마련하여 체계적인 접근 방법을 찾아야 한다. 다른 선진국에서는 어떤 융합 교과목이 어떻게 개설되어 운영되고 있는지, 해마다 어떤 융합 교과목들이 새로이 생겨나고 있는지 등에 대해서 잘 파악하고 분석해야 할 것이다. 이렇게 준비된 융합 교육이 많은 학생들에게 제공될 때, 앞으로 일어날 수 있는 복잡하고 다양하게 연결된 사회의 여러 문제를 해결할 능력이 길러질 것이다.

대학과 지하철역

　　아침 9시에 시작되는 1교시 수업에 맞추기 위해 대학 교문에서부터 뛰어가는 학생들을 보거나, 지하철역 앞에서 출발하는 대학 셔틀버스에 학생들이 꽉 찬 모습을 볼 때가 자주 있다. 아침 첫 수업이든 낮 동안의 수업이든 학생들에게 수업 전 몇 분의 시간은 매우 중요하다. 대학에 도착하여 강의실로 뛰어가는 학생들을 볼 때마다 약간은 안타까운 생각이 들 때가 많다. 부산대학교의 캠퍼스가 금정산 기슭에 세워져 있어, 학생들이 경사진 대학을 땀을 흘리며 걸어야 하기 때문일 것이다.

　　서울대학교를 갈 때마다, '서울대입구'역에 내려 걸어서 서울대 안으로 들어가기에는 거리가 멀어 택시를 타는 경우가 많다. 더운 여름철에는 더더욱 걸어갈 엄두가 나지 않는다. 서울대에서 만났던 교수에게 서울대입구역은 서울대 입구가 아니라고 말하곤 했다.

　　만약에 학생들이 매일 학교에 오고 갈 때 이용하는 지하철역이 학교 정문 바로 앞에 있다면, 혹은 지하철역이 대학 캠퍼스 안에 있다면 학생들이나 대학 교수들이 좋아할까?

　　지하철역이 교내에 있다고 해서 대학에 볼일이 없는 사람들이 많이 들어올까? 생기지 않을 문제들이 더 많이 생기게 될까? 학생들 수업에 방해가 될 정도로 더 많은 문제가 생길까? 정문의 수위

공학자의 눈으로 본
독일 대학과 문화

슈투트가르트 대학 도서관 가까이에 있는 지하철역

아저씨나 대학의 경비를 맡고 있는 업체에게는 더 많은 일이 발생할까?

독일의 몇몇 대학에는 대학의 입구나 대학 내에 지하철역이 있어, 등하교하는 학생들이나 출퇴근하는 교직원들이 편리하게 대학을 다니는 경우가 많다. 남부 도시 슈투트가르트 대학교(University of Stuttgart)는 캠퍼스 내에 지하철역이 있고, 이 역 주위에 대학 중앙도서관이 50여 미터 안 되는 거리에 세워져 있다. 지하철로써 학생들이 대학의 중심부에 쉽게 접근할 수 있는 것이다. 지하철 탑승 플랫폼은 지하 2층인데, 엘리베이터나 계단을 통해 지상으로 올라오게 되어 있다. 엘리베이터를 기다리기가 힘든 젊은 학생들은 계단을 통해 빨리 올라간다.

본 대학교 입구에 세워진 지하철역

본 대학교(University of Bonn) 지하철역도 학교와 매우 가깝기 때문에, 지하철을 이용해서 학교로 오는 학생들에게 편리함을 주고 있다. 지하철역 이름은 'Universität-Markt'로 대학 바로 옆에 있는 시청 앞 광장 이름이 'Markt'이다. 이곳에서는 생활에 필요한 물품, 특히 싱싱한 과일과 채소를 파는 곳이 있어 이런 이름을 가지게 되었다. 지하철역 뒤편에 보이는 넓은 잔디밭은 본 대학생들의 휴식 공간이 되고 있다.

학생들은 대학을 이용하는 사람들이다. 즉 대학생들은 대학의 주인이며 고객인 것이다. 대학생들은 학부 생활을 위해 적어도 4년을 대학에 다녀야 하며, 석사과정이나 박사과정을 더 다닐 경우, 이와 비례해서 더 많은 시간 동안 대학의 연구실과 강의실을

오고 가야 한다. 대학 기숙사에 거주하거나 대학 부근의 생활공
간에서 거주할 경우에는 학교를 오고 가는 불편함이 덜하겠지만,
대다수의 학생들이 집에서 다니며 지하철을 이용할 경우 지하철
역에서 내려 강의실로 찾아 들어가는 시간이 짧다면 많이 좋아할
것이다.

몇 년 전에 방문했던 미국 웨스트버지니아 주 모건타운(Morgan)
시의 웨스트버지니아 대학교(West Virginia University)에 설치된, 3
개의 캠퍼스를 연결해주는 모노레일이 생각났다. 이 PRT(Personal
Rapid Transit)시스템[7]은 구내 셔틀버스를 대신해 학생들의 통학
용으로 개발되었다. 무인으로 작동되는 PRT시스템은 1970년
미국 교통국에서 지어주었다. 시내의 차량들로 도로가 막힐 경
우 수업 시간에 늦을 수 있지만 학생들이 모노레일을 이용할
경우에는 이와 같이 도로 막힘 현상으로 강의 시간을 놓치는
일이 적다.

웨스트버지니아 대학교의 PRT

대학에 있는 시설들과 대학생들의 편의를 위해 설치되는 시설들은 가능한 한 학생들의 입장에서 만들어야 할 것이다. 학생들에게 강의실을 찾아가는 시간을 줄여줄 수 있는 방법, 강의시간에 맞출 수 있는 방법을 찾아야 할 것이다. 여러 캠퍼스에서 수업을 들어야 되는 경우, 학생들의 이동 문제에 대해 반드시 해결책을 찾아야 할 것이다.

한 지역에 있는 대학은 그 지역의 얼굴이다. 이런 대학에 다니는 학생들이 대학 생활을 하는 데 불편함이 없도록 지원시스템을 잘 구축함으로써 대학이나 정부 혹은 지방자치단체에 고마운 마음이 들 수 있도록 하는 것은 매우 중요한 일일 것이다.

브레멘 대학에서

몇 년 전 독일 북쪽에 위치한 브레멘 대학교(Universität Bremen: University of Bremen)를 방문했다. 신성로마제국시대에 만들어진 브레멘 시청사 앞에는 1404년에 세워진 영웅 롤란트(Roland)의 입상이 있으며, 이는 도시의 자치와 시장의 자유를 상징하는 복합 구조물이다. 5.5미터 높이의 롤란트 석상은 자유도시 브레멘의 권리와 특전을 상징하기 위해 만들어졌다. 롤란트는 샤를마뉴 대제의 조카이고, 12명의 기사 중 으뜸이었으며, '롤란트의 노래'에 나오는 영웅이다. 2004년에 롤란트 입상이 있는 브레멘 시청사는 유네스코의 세계문화유산으로 등재되었다. 그리고 시청사 옆에는 네 마리 동물들에 대한 동화 브레멘의 음악대(The town musician of Bremen) 동상이 세워져 있다.

브레멘 대학교는 12개의 단과대학 및 학부가 있으며, 18,000여 명의 학생이 있는 독일 내 중간 크기의 대학이다. 방문했을 때가 겨울이었는데 바깥에는 얼음이 얼었으며 매우 추운 날씨였다. 방학이라 대학 교정은 한산한 분위기였지만, 대학원생들이 사용하는 연구실에는 많은 학생들이 있었다.

브레멘 대학교의 핵심 연구 분야는 조선 및 극지방 기후, 사회정책 변화, 소재과학 및 생산공학, 물류 분야 및 건강 관련 분야이다. 중간 규모의 대학이기에 대학 본부는 대학이 가진 자원의 집

중으로 최대의 성과를 내기 위해 노력하며, 특히 우수 연구자 육성에 많은 노력을 한다.

브레멘 대학의 두드러진 특징 중 하나는 캠퍼스와 기술단지가 한곳에 모여 있다는 것이다. 이 기술단지에는 대학의 기관과 400여 개 기업, 16개의 연구소가 밀집되어 있다. 즉, 대학의 부지 내에 산업체, 대학, 그리고 연구소들이 모여 있어 필요한 연구를 유기적으로 수행할 수 있다. 이곳에는 브레멘 주의 지원을 받는 연구소와 연방 정부 또는 주의 지원을 받는 연구소가 있다. 이러한 연구소들이 기업체가 서로 협력하여 해결하고자 하는 분야에 대한 해결 방안을 찾기 위해 연구하고 있다.

기술단지 내 특징 있는 연구실 중 하나는 자유낙하를 실험하는 '응용 우주과학 마이크로 중력센터(Center of Applied Space Technology and Microgravity, ZARM)'인데, 146미터 높이의 낙하 탑이 있다.[8] 지구 표면에서 4.5초간 무중력 상태를 얻을 수 있는 첨단 연구 시설을 통해 자유낙하 시 생길 여러 가지 현상에 대한 실험을 수행한다. 우주정거장에서 얻을 수 있는 것과 같은 무중력, 또는 저중력 상태를 지상에서 재현할 수 있는 낙하 탑을 이용해서 새로운 물질, 신약 및 신소재 등을 개발한다. 이러한 연구는 일반 기업에서 시도하기가 쉽지 않은 분야로, 대학 연구소의 또 다른 역할을 보여주는 예가 되고 있다.

브레멘 대학교에서 기술단지와 낙하실험을 하는 연구소를 보며, 대학의 연구소는 기업에서 하기 어려운 연구를 수행하여 필요한 연구 결과를 기업체와 국가 기관에 제공함으로써 그 역할을 다한다는 생각을 했다. 한 나라의 힘은 대학 및 기업체 그리고 정

브레멘 시청사와 롤란트의 입상

무중력에 대한 연구를 할 수 있게 해주는 낙하 탑
(Fallturm Bremen: Drop Tower Bremen)

부 기관이 서로의 역할을 잘 분담해서 실행할 때 생겨나는 것 같았다.

브레멘 대학교의 여러 연구소를 돌아보고 있던 중 점심시간이 되어 필자의 일행을 맞아준 브레멘 대학교 산업공학과 코프 교수(Prof. Dr.-Ing. H. Kopfer) 및 그의 연구원들과 함께 대학 캠퍼스 내 운치 있는 식당에 가게 되었다. 겨울이었지만 이곳에서 시원한 독일의 맥주(Weissbier) 맛을 보았다. 외부에서 손님들이 왔을 때 하던 이야기를 잠시 접어두고 걸어서 갈 수 있는 거리에 있으면서 분위기가 좋은 식당이 있다는 것도 보기 좋았다.

브레멘 대학교 안의 식당

보존 가치가 있는 함부르크 하펜시티의 옛 창고 건물

무역과 상업의 도시인 함부르크(Hamburg) 시의 일부인 하펜시티(HafenCity, Hafen: 부두)는 오래된 항구로, 엘베 강에 있는 작은 섬이다. 함부르크 시는 이 섬에 있는 오래전에 사용되던 창고들과 그 일대의 부지를 사무실, 호텔, 오피스텔 빌딩 등으로 재개발하고자 하는 도시재생프로젝트를 시행했다. 2000년부터 시작된 도시재생과제는 2025년 완성될 계획이다.

이 프로젝트는 역사적 보존 가치가 높은 건축물들을 보호하면서 새로운 개념의 도시를 건설하고자 하며, 수자원을 적극 활용한 친환경도시로서의 이미지를 구축하고자 한다. 이에 덧붙여 홍콩이나 싱가포르의 성공적인 사례를 모델로 해서, 도시의 재개발을 통해 함부르크 도시의 경제 활성화를 이루고자 하는 것이다. 이 지역에 들어서니 뱃길 따라 늘어선 함부르크 항구의 옛 창고들이 필자 일행을 반갑게 맞이해주었다.

하펜시티는 함부르크 시청에서 1킬로미터 내에 있으며, 한때는 자유무역의 중심 항으로서 물자의 거래가 많았으나 이제는 유럽연합 자체가 자유무역을 하기에 그 기능을 상실하게 되었다.

이러한 특성을 가진 지역에 2006년 1월 1일부터 하펜시티 대학(The HafenCity University Hamburg)이 들어서게 된 것도 하펜시티의 이미지를 개선함과 동시에 함부르크 도심의 재개발에 필요한 특

수 목적의 학문 분야를 집중 육성하고자 하는 계획 덕분이다.[9] 이 대학은 건축학(Architecture)과 광역시 개발(Metropolitan development)에 초점을 맞춘 유럽의 유일한 대학이기 때문에 설계 분야와 도시환경에 중점을 두고 있다. 따라서 하펜시티 대학의 중점 교육 및 연구 분야는 건축학, 토목 공학, 지질학, 도시 설계(학부와 석사과정), 광역시 문화(학부과정), 건축학과 계획 분야에서 도시 설계 및 자원 효율(융합 석사과정) 등이다.

도시재생사업이라는 특별한 목표를 가진 하펜시티 대학을 보면서 비록 대학의 규모는 작더라도 뚜렷한 지향점을 갖는 대학은 새로운 형태의 대학이 될 수 있을 것이라 여겨졌으며, 이를 통해 경쟁력이 있는 인재를 길러낼 수 있을 것이라고 생각했다.

몇 년 전에 부산에 있는 독일 영사관의 명예영사인 김정순 여사의 소개로 함부르크 시와 하펜시티 대학을 방문했다. 아직 하펜시티 대학은 완성된 상태는 아니지만 함부르크 시의 재개발 지역에 대한 투자의 크기에 비례해서 그 모습을 드러낼 것이다. 방문했을 때 하펜시티 대학의 관계자는 앞으로 설립될 대학의 조감도를 보여주며 설립 계획에 대해 설명을 해주었다.

한 도시의 일부가 기능을 상실하고 난 후 다시 재생 단계를 거쳐 도시의 완전한 기능을 되찾을 수 있다면, 옛날처럼 활기찬 도시를 만들 수 있을 것이다. 이와 같은 도시재생사업은 현재 많은 나라에서 관심을 가지고 추진하고 있는 사업이다. 바다에 인접한 항구 지역이, 문화재의 가치를 지닌 오래된 마을이, 마음의 고향으로 남아 있는 옛날 마을이 모두 도시재생사업의 대상이 될 수 있다.

하펜시티 대학의 조감도

도시재생사업 지역에 대한 역사적인 자료를 찾고, 옛 건축물과의 이질성을 덜 느끼면서 도로망의 확충으로 접근성을 높이고 미래로 나아가는 느낌을 주는 새로운 개념의 도시 기능을 설계하고, 새로운 동력을 불어넣을 수 있는 사업장의 종류를 정하는 것이 가장 중요한 이슈가 될 것이다.

예를 들어, 부산시에도 도시 한가운데에 있는 초량동 일대를 재개발하고자 하는 '산복도로 르네상스사업'의 도시재생사업과 북항 재개발 프로젝트가 시행되고 있다. 함부르크 시에서 추진하고 있는 하펜시티의 도시재생사업에 대한 노하우를 공유할 수 있는 방법을 찾아야 하겠다.

도시재생사업을 위해 대학에서는 경제통상대학의 여러 학과

와 함께, 공과대학의 건축학과, 건축공학과, 도시공학과, 토목공학과, 환경공학과 등이, 인문대학의 사학과와 고고학과 등이, 예술대학의 디자인학과 및 조형학과 등이 관심을 가지고 이에 대한 기초 및 실행 연구를 깊이 수행할 필요가 있을 것이다. 즉, 대학에서는 장차 있을 수 있는 도시 재생 사업에 대한 선행 연구가 실행되기를 기대해본다.

2014년 8월 아헨 대학교를 방문하니, 박사 논문을 발표하고 논문이 통과되던 때가 떠오른다. 논문이 통과되었으며 축하한다는 지도교수의 목소리가 아직까지 들리는 듯하다. 필자의 지도교수(Prof. Dr.-Ing. W. Eversheim)는 이미 정년퇴임을 하셨고, 후임 교수(Prof. Dr.-Ing. G. Schuh)가 그의 자리를 맡고 있다. 세월이 많이 흘러갔음을 느낀다.

독일 대학교의 박사 논문 심사 절차는 대학마다 조금씩 다르다. 아헨 대학교의 박사 논문 심사는 크게 두 부분으로 나누어지는데, 논문 발표와 개별 심사로 되어 있다. 대학 내 시험을 관리하는 부서에서 박사 학위 논문의 발표를 위해 45분간의 시간이 주어진다는 것을 알려준다. 논문의 발표자가 이 시간을 맞추는 것도 교육의 한 방법이라 생각하고, 잘 지켜주기를 바란다. 발표 시간에는 질문 없이 학생이 그동안 연구한 결과를 발표한다. 발표자가 주어진 45분의 시간보다 3분가량 일찍 끝낼 경우 심사위원들은 논문의 내용이 조금 모자라는 것이 아닌가 생각하며, 3분을 초과할 경우 논문의 내용 정리가 잘 안 되었다고 보는 경향이 있어, 논문 발표자는 '45분 발표시간'을 맞추기 위해 많은 노력을 한다.

논문 발표 시간에는 연구소에 근무하는 다른 연구원들이 참석하여 들을 수 있으며, 개별 질문들은 하지 않는다. 이 시간을 마친 후 이어서 개별 심사를 하는데, 개별 심사는 청중이 없는 상태에서 논문 심사에 참가하는 교수들로만 이루어지며 보통 한 시간 정도 소요된다.

박사 논문 발표 일정이 정해지면, 논문 발표자는 몇몇 대학원 학생들의 도움을 받게 된다. 발표 시간을 맞추기 위해 시간을 체크해주는 대학원생도 필요하다. 이 대학원 학생은 발표장 뒤에 있거나, 발표장이 클 경우 발표자가 잘 볼 수 있도록 발표장 옆쪽에서 크게 만든 종이 시계를 손으로 돌리며 발표자에게 발표 사용 시간을 실시간으로 알려주기도 한다. 물론 논문 심사 교수들이 보이지 않는 곳에 서 있다. 발표 연습을 할 때에도 발표 자료 한 장을 발표할 때 무슨 내용을 어떻게 발표하면 몇 분이 걸린다는 것을 숙지해야 한다. 이것을 두고 박사과정에 있는 학생들 사이에는 논문 발표 시나리오를 짠다고도 한다.

비록 형식적인 면이 많은 것은 사실인데, 학생들에게 어떤 내용을 얼마의 시간 내로 발표하게 하는 것은 교육을 시키는 측면이 강하다. 간혹 논문 발표자의 말이 빨라, 발표 내용은 많은데 발표 시간이 짧은 경우도 종종 있었다. 논문 심사를 하는 교수들이 이러한 것을 충분히 감안하고 있음을 논문 심사에 통과된 학생들로부터 듣곤 했다.

박사 논문 발표 시간 45분을 지키게 하는 것은 몇 년을 걸쳐 준비한 박사 논문을 45분만에 다 발표할 수도 있고, 한 시간 넘게 세세히 발표할 수도 있으며, 단 십 분만으로도 발표할 수 있도록 하는 훈련이다. 박사 논문의 발표는 대학원 학생으로서 공식적으로 교육을 받는 마지막 시간이다. 가치 있는 '시간에 대한 교육'이

1986년 12월 16일 박사 논문 발표와 개별 심사를 마치고 난 후, 박사 논문이 통과되었다고 축하해주던 지도교수님, 그리고 논문 심사를 했던 교수님들과 함께 찍은 사진이다. 사진 속의 오른쪽 첫 번째 사람이 지도교수이다. 필자가 머리에 쓰고 있는 것은 우리나라 대학 졸업식에서 볼 수 있는 학사모에 해당하는 것인데, 함께 박사과정에 있던 친구들이 기념될 만한 것을 준비해서 이렇게 만들어 머리에 씌워주었다. 독일은 2차 세계대전의 패전국으로서, 사람들이 많이 모이는 행사, 즉, 입학식과 졸업식 등을 못 하도록 되어 있기 때문에 독일의 대학교에는 입학식과 졸업식이 없다.

었음을 다시 한 번 더 느낀다.

시간을 잘 지킨다는 독일의 철학자 임마누엘 칸트(Immanuel Kant)는 자신이 태어난 마을인 쾨니히스베르크(Königsberg)를 한 번도 떠난 적이 없으며, 규칙적인 일상생활을 하고, 생각을 많이 하며 살았다. 마을 주민들은 칸트의 규칙적인 산책 모습을 보고 하루의 시간을 가늠했다고 한다. 대체로 독일 사람들은 약속한 시간을 잘 지키는 편이다. 이러한 원칙과 비슷하게, 간혹 약간의 차이가 날 때도 있지만 도로에 세워둔 노선버스의 시간표대로 버스가 도착한다.

사람들은 살아가는 긴 시간 속에 많은 약속을 하며 살아간다. 약속 시간을 중하게 생각하며 지키려고 하는 사람도 있고, 한 번쯤 하며 가볍게 여기는 사람들도 있다. 서로에게 시간은 모두 중요하고, 지키는 것이 예의이다.

대학에서는 학기별로 많은 전공에 관련된 강좌가 개설되기도 하고 새로운 세미나 계획이 발표되기도 하며, 학기 말에는 석박사 논문들이 발표되기도 한다. 그리고 부정기적으로 유명인사들의 특강도 열린다. 이런 많은 강좌와 발표 시간에는 장소와 시간이 공지되는데, 간혹 시간이 지켜지지 않는 경우들이 있다. 공지된 시간은 학생과 교수, 그리고 발표자와의 약속이다. 시간을 잘 지키는 것은 사람들과의 약속을 잘 지키는 것이다. 특히 많은 학생들과의 시간 약속은 매우 중요하다.

공학자의 눈으로 본
독일 대학과 문화

　　현재 베를린에는 도로를 수리하는 곳이 많고, 오래된 건물을 보수하는 곳도 많으며, 건물을 새로 짓거나 확장하기 위해 공사하는 곳도 많다.

　　독일 국회의사당은 1884년부터 10년간 지어진 네오르네상스식 건물로 강력한 독일을 상징한다. 앞에서 바라보면 사각형 형태의 건물은 융통성이 없을 것 같은 굉장히 권위적인 느낌이 든다. 현재는 보수를 위해 일시적으로 막아둔 듯 바리케이드가 쳐져 있어 자유로이 건물에 접근할 수 없게 되어 있다. 그 대신 국회의사당과 함께 사용할 수 있는 광장 옆에 현대식 건물이 들어섰다. 새로 지어진 국회의사당 건물의 이름은 '도이치 분데스탁 파울-뢰베-하우스(Deutscher Bundestag Paul-Löbe-Haus)'로 되어 있었다. 옛날에 지어진 국회의사당과 새로 지어진 건물 사이의 조화로움을 찾아보려고 했지만, 건축에 대해 문외한인 필자는 찾기가 쉽지 않았다. 권위적이며 안을 쉽게 볼 수 없었던 이전 건물에서 새로이 유리로 만들어 안을 볼 수 있도록 한 것은 열린 국회를 추구하는 느낌을 준다.

　　독일의 국회의사당이 있는 넓은 지역을 '동물 정원(Tiergarten, Tier: 동물, Garten: 정원)'이라 하여, 옛날에는 이곳이 귀족들의 사냥터로 사용되었다고 한다. 사람들이 개들을 풀어 숲 속에 있는 동

새로 지어진 독일 국회의사당 건물.
매우 현대적인 느낌이 드는 건물이며, 권위보다는 세련미가 넘친다.

물들을 쫓게 했으며, 귀족들은 말을 타고 총을 쏘아 동물들을 사냥했던 곳이다.

베를린같이 큰 도시 한복판에 이렇게 넓은 숲이 조성되어 있어 놀랐으며, 아직까지 이렇게 유지되고 있음에 다시 한 번 더 놀란다. 만약에 이와 같이 넓은 평지의 숲이 서울이나 부산 시내 한가운데에 있었다면 어찌 되었을까? 이런저런 이유를 만들어내면서 개발을 해야 된다는 사람들에 의해 어느새 그 면적이 줄어들었을 것이고, 본래 가지고 있었던 녹색의 정원 또한 규모가 매우 줄어들었을 것이다. 이것을 보면 개발만이 명소를 만드는 것이 아니고, 자연을 보존하는 것이 오히려 더 명소다워진다는 생각이 들었다.

티어가르텐 공원 속에 들어가면 많은 산책로가 있고 잔디밭이 있다. 자전거를 타는 사람, 개를 데리고 산책을 하는 사람, 어린아

베를린 티어가르텐 입구에 걸려 있는 정원의 지도

티어가르텐 내부에 있는 산책도로

이와 함께 돗자리를 펴두고 노는 모습, 할아버지 할머니가 손을 잡고 산책하는 모습 등을 쉽게 볼 수 있다. 이를 통해 시민들은 생활 속 스트레스를 해소할 시간을 가질 수 있다. 초록이 있으며, 쉴 수 있는 공간이 있다. 큰 도시 속의 숲에서 가질 수 있는 여유는 결코 값싼 것이 아니다.

옛날 귀족들이 도시 한복판에서 사냥을 즐기던 곳에 국회의사당이 위치해 있다. 이곳에서 독일 국민들이 살아가는 데 지켜야 할 법을 만들고, 새로운 사회에 잘 맞지 않을 때에는 다시 제도와

법을 만들었다. 이런 곳 바로 옆 숲 속에서 하인들이 개를 풀어 사
냥감을 몰고 귀족들은 뒤에서 총을 들고 사냥하는 모습을 머릿속
에 그려보니 무엇인가 앞뒤가 잘 맞지 않는다. 그때에는 사람 위
에 사람이 있는 듯 귀족이 있었고, 개를 풀어 숲 속의 동물들을 쫓
는 사람들도 있었다. 인간의 평등을 최고의 가치로 여기며 법을
만드는 기관이 불평등 속에 놓여 있는 것 같았다.

옛 독일 국회의사당 건물은 권위의 상징일까? 아니면 국민 평
등을 추구하는 기관일까? 건물의 형태가 인간의 평등보다는 모든
권위의 상징으로 느껴지는 이유는 무엇일까? 법이 우리의 삶 위
에 있다고 느끼기 때문일까? 사각 형태의 돌로 된 건물이라서 그
렇게 느껴지는 것일까?

오래된 국회의사당 건물 한가운데에 새겨져 있는 '뎀 도이첸 폴
케(DEM DEUTSCHEN VOLKE)'라는 글귀가 매우 인상적이다. 이
것은 '독일 국민들에게(To the German people)'로 해석할 수 있다. 이
건물이 지어질 때에는 독일이 황제(빌헬름 2세, Wilhelm II)의 통치
하에 있었는데, 국민들의 목소리를 듣기 위해서 국회의사당을 지
어준다는 뜻일 것이다. 아마도 이때에는 왕권보다 민주주의가 조
금 더 힘이 셌던 것으로 보인다. 즉, 모든 것은 국민들로부터 생겨
나는 것이며, 국민들의 목소리를 들어야 한다는 뜻일 것이다.

혹은 인간의 평등이 실현될 수 있다는 의미는 아닐까? 우리의
세상살이는 평등만이 있는 것이 아니다. 부자와 가난한 사람, 많
이 배운 사람과 그렇지 못한 사람, 걱정 없이 사는 사람과 그렇지
않은 사람, 건강한 사람과 그렇지 못한 사람 등 우리 인간 사회에
는 불평등이 오히려 더 많은 것 같다. 이런 불평등 속에서 평등을

독일 연방 공화국의 국회의사당

찾으려고 법을 만들었기에 '법 앞에는 만인이 평등하다.'라는 말
이 생겨났을 것이다. 어떻게 보면 불평등 속에서 평등을 찾으려고
부단히 노력하는 인간들이 아름답기도 하다.

　국회의사당에서 멀지 않은 곳에 1810년에 개교한 베를린 훔볼
트 대학교(Humbolt Universität zu Berlin)가 있는데, 베를린에 있는 4
개의 대학 중 역사가 가장 오래된 대학이며, 학생수는 약 3만 명
정도 된다. 대학 본부 바로 앞 길 건너 법과대학(Juristische Fakultät,
College of Law)의 건물이 멋지게 서 있다. 이런 것을 보면 독일 대

공학자의 눈으로 본
독일 대학과 문화

베를린 훔볼트 대학교의 법과대학 건물. 사회를 이끌고 가는 힘을 느낄 수 있다.
옛날에는 더더욱 이런 마음이 일반 국민들 속에 있었으리라.

학의 중심은 법학부에 있었나 보다. 지금은 근대화되는 과정에서 자연스럽게 자연과학과 공학 분야를 중심으로 큰 대학들이 생겨났지만 초기의 독일 대학들은 철학, 법학, 신학, 의학으로 출발하여 학생들에게 교육을 시켰다.

건물의 위치나 크기로 볼 때 훔볼트 대학의 중심은 법학이었음을 알 수 있었다. 이 대학에서는 2차 세계대전이 일어나기 전 국가 시책으로 생화학 분야에 많은 연구 성과가 있었다고 한다.

대학에서 법학부를 중요하게 여겼던 것은 인간의 평등을 실현하기 위한 몸부림이었을 것 같다. 인간 사회에서 생겨날 수 있는 문제에 대해 고민하고, 인간관계에서 생길 수 있는 복잡한 문제를 해결하고, 인간의 평등성을 확보하기 위해 관련된 법을 만들었을 것이다. 이를 위해 법을 만드는 사람들은 더 많은 여유 시간이 필요했을지도 모른다. 티어가르텐에서 사냥을 하며 머리를 식히고 기본에 보다 더 충실할 수 있는 힘을 얻었다면, 티어가르텐에서 보냈던 '사냥하는 시간'은 값진 일이 될 수 있었을 것이다.

1386년에 세워진 독일에서 최고 오래된 대학의 역사를 가진 하이델베르크 대학교에서도 초기에는 신학부와 철학부에서 강의가 이루어지다 그해 말에 법학부의 강의가 이루어졌으며, 1388년부터 의학부의 강의가 이루어졌다.[10]

옛 대학 건물(Alte Universität: Old University)은 현재 하이델베르크 대학교의 박물관(Universitäts Museum Heidelberg)으로 사용하고 있는데, 박물관 안에서 대학을 빛낸 사람들의 사진을 만날 수 있었으며, 여러 가지 과학 실험에 사용되었던 발명품들이 진열되어 있었다.

박물관에서 특히 눈에 띄는 것은 하이델베르크 대학교에서 노벨상을 받았던 교수들의 명단(Heidelberger Nobelpreisträger: Heidelberg Nobel Laureates)이 새겨진 한 장의 명판이었다. 오랜 역사와 함께 우수한 연구 실적을 쌓아 올린 흔적이다. 어디에도 없는 것이라 더없이 부럽게 보인다. 우리나라에서도 더 많은 노력을 경주하여 물리학상, 화학상, 생리학·의학상, 문학상, 평화상, 그리고 경제학상 분야에서 많은 수상자가 나오기를 기대해본다.

앞으로 올 세계는 더더욱 복잡하고 복잡해서 한 가지 지식으로는 문제를 풀 수 없을 것이다. 인간 사회의 평등한 인간성 확보를 위해 대학에서 강의되고 있는 교과목을 다시 한 번 더 검토하는

박물관으로 사용하는 옛 하이델베르크 대학의 건물

하이델베르크 대학의 노벨상 수상 교수 명단

시간이 있었으면 좋겠다. 순수 자연 과학이라도 인간성 확립을 위한 개념이 그 가운데 있어야 할 것이며, 응용 학문인 공학 관련 기술을 개발할 때에도 인간성의 황폐함을 유발하는 개념을 포함하지 말아야 한다. 생명과학이나 농학을 연구하는 분야에 대해서도 우성만을 추구하는 원칙을 따르면서 올 수 있는 오류를 범하지 말아야 한다. 인문 사회에 관련한 학문들은 더 복잡 다양한 사회를 준비하는 차원에서 인간을 중심으로 다시 정립하는 것이 필요할 것이다.

독일 국회의사당 건물과 티어가르텐, 그 옆에 있는 베를린 훔볼트 대학교의 법학부와 하이델베르크 대학교의 박물관을 보면서, 우리 사회 전체가 인간 사회의 보편적 원칙인 '인간성의 평등'을 위해 보다 확고한 신념을 가지고 대학 교육에 임해야 한다는 마음을 가지게 되었다.

공학자의 눈으로 본
독일 대학과 문화

교수의 힘

　　독일에서 교육은 국가의 기본 의무이다. 국민들에게 교육의 기회를 균등히 주어야 한다는 대명제 아래 대학생들은 대학에 등록금을 내지 않는다. 독일 대학들은 국공립이며, 대학 교수의 신분은 공무원에 해당한다. 교수들의 수입은 기본 액수에 별도로 연구보조금과 각종 세미나, 강연, 원고료 등에 따라 차이가 있다.

　　독일 대학의 교수는 사회에서 대하는 태도가 다르다. 독일에서 대학 교수는 왕이라고 부를 수 있을 정도라는 생각이 들었던 때가 있었다.

　　필자가 1981년 12월 독일로 유학을 갔을 때의 일이다. 급하게 유학을 가느라 한국에서 독일에 장기간 체류할 비자를 받지 않고, 아헨 대학교 교수가 보내준 텔렉스 한 장만을 들고 독일에 입국한 상태였다. 텔렉스(Telex)란 전신 타자기(Teletypewriter)와 교환(Exchange)의 합성어로, 전보와 팩스를 묶은 기능이 있는 통신 수단이었는데, 이제는 더 이상 사용되지 않는다. 지금도 그렇지만 1년 이상 독일에 체류하기 위해서는 한국에서 독일 비자를 받고 독일에 입국해야 했다. 이런 상황을 모르는 채 독일 교수가 보내준 텔렉스만 믿고 독일로 입국했던 것이다.

　　이런 상태로 독일에 도착했으니 독일 비자를 받기 위해 시청에 있는 외국인 담당 부서를 찾아가보기로 했다. 시청 직원이 교수가 보내준 텔렉스를 자세히 보고 나서, "교수가 보증하는 학생이니 독일 비자 신청을 받아주겠다."고 했다. 이 말을 듣고 필자는 대학 교수가 사회에서 인정해주는 존재라는 것을 느꼈다. 이것은 독일이 세계 속에 우뚝 설 수 있게 해준 집단이 교수 집단이란 것을 인정하고 있는 것이다.

철학 분야의 발전, 법학 및 제도 분야의 발전, 물리 분야의 발전, 화학 분야의 발전, 인쇄기술의 발전, 원자력 분야의 발전, 자동차 분야의 발전, 잠수함 분야의 발전, 고속철도 분야의 발전, 의료용 기기 분야의 발전, 신약 분야의 발전, 건축 디자인의 발전, 무기 개발의 발전, 대체 에너지 분야의 발전 등 정말 많은 분야의 발전을 대학 교수들이 이끌어왔던 것이다.

한 국가나 사회에서 인정을 받는 집단이 된다는 것이 결코 쉬운 일은 아닐 것이다. 대학 교수들이 자신이 하고자 하는 교육과 연구를 하고, 연구의 결과를 사회에 제공함으로써 국가의 발전에 이바지한 정도가 매우 높다고 인정받는 것이 독일이라는 나라다. 대학의 교수가 보내준 텔렉스 한 장으로 조직이 다른 시청의 직원이 외국인 학생의 체류 비자를 받을 수 있게 해준 나라, 독일은 진정 대학의 교수를 인정해주는 나라였다.

우리나라의 신문 지상에 종종 올라오는 '교수는 철밥통'이라는 기사를 볼 때마다, 그 옛날 독일에서 경험했던 일이 머릿속에 떠오른다. 언젠가는 우리나라에서도 교수가 대접받고, 우리나라를 지탱할 수 있게 해준 힘이 교수들의 노력에 의해서 이루어졌다고 인정해주는 시기가 반드시 오리라 생각한다. 그때까지 우리 교수들은 조금 더 노력을 해서 우리나라가 정말 더 잘 사는 나라가 될 수 있게 해야 할 것이다. 교수들의 연구 결과가 우리나라를 굳건하게 만들어준 힘의 근원이었다는 것을 국민들이 알 수 있게 해야겠다.

음악을 좋아하는
사람들은 마음이
아름답다고 했던가?
이렇게 음악을
좋아하는 국민들이
많은 나라는 행복할
것 같다.

2부

독일의
문화와 예술

하이델베르크에 있는 철학자의 길 입구

하이델베르크 철학자의 길에서

독일은 철학자들이 많이 태어난 곳이다. 요한 볼프강 폰 괴테, 프리드리히 니체, 카를 마르크스, 막스 뮐러, 임마누엘 칸트, 에리히 프롬, 게오르크 빌헬름 프리드리히 헤겔, 에른스트 블로흐 등은 우리가 쉽게 알 수 있는 독일이 낳은 세계적인 철학자들이다. 필자는 이들을 생각하며 하이델베르크 시에 있는 '철학자의 길(Philosophenweg)'을 걸었다. 대체 어떤 분위기이기에 이 길에 그런 이름이 붙었는지, 어떤 철학자들이 거닐었는지 궁금했다.

좁은 길이며, 지금이 한여름인데 주변이 우거진 나무와 풀 때문에 이끼가 끼어 있을 정도로 축축한 느낌이 들었다. 길바닥에는 다듬어진 돌들이 깔려 있었고, 벽면도 잘 다듬은 크고 작은 돌과 벽돌로 되어 있었다.

이곳을 왔다 간 수많은 철학자를 만난 듯 이렇게 철학자의 길을 오게 되어 한없이 기뻤다. 길이 좁아서 햇빛을 받는 부분의 벽은 밝고, 햇빛이 닿지 않는 벽면은 오히려 어두운 느낌이 들었다. 이 길을 걸으며 사색하고 또 사색했을 많은 사람들의 발자국과 그들의 마음을 느껴본다. 키보다 높은 담을 넘어 온 담쟁이 줄기가 반가운 듯 손을 흔들어준다. 반갑게 담쟁이 잎을 만져본다.

포도밭을 가로질러 생겨난 '철학자의 길'에 언제부터 이런 이름이 붙었는지는 알 수 없다. 아마도 하이델베르크 대학에서 생활했던 칸트, 헤겔, 야스퍼스 같은 많은 철학자가 거닐었던 길이라는 점에서 유래했을 것이다.

좁은 철학자의 길은 곧을 때도 있지만 굽은 길도 있다. 곧은 길을 걷다가 굽은 길로 들어섰을 때 이 길을 걸었던 철학자는 또 어떻게 생각했을까? 길에도 곧은 길과 굽은 길이 있듯이, 우리 인생에서도 좋을 때도 있고 그렇지 않을 때도 있다. 인생의 문제를 깊이 생각하고 있다가 이런 굽은 길을 만났을 때 좋은 영감이 떠올랐을까? 아니면 생각에 잠기고 싶을 때 언제라도 왔던 길이라 아무런 영감을 받을 수 없었을까? 이렇게 익숙하지 않은 상황을 만났을 때 철학자들은 어떻게 했을까? 끝없는 사유와 질문 속에서 답을 찾기 위해 얼마나 많은 시간을 보냈을까?

길을 걸으며 철학자의 머릿속으로 들어가본다. 인생이 무엇인지, 왜 우리들은 삶에 대해서 고민을 하는지, 우리의 삶의 목표는 무엇인지, 남녀 간의 사랑은 무엇이며, 사랑했던 사람을 미워하는 이유는 무엇이며, 왜 남들을 속일 수밖에 없는지, 우리의 삶에는 희망이 있는 것인지, 믿었던 사람에 대한 절망이나 자식들에 대한 부모들의 무조건적인 사랑은 대체 무엇이며, 가족 속에서의 갈등이 생기는 이유는 어디서 오는지, 사회적으로 나타나는 빈부의 차이는 왜 생겨나는지, 사회와 국가의 역할은 무엇인지 등에 대해서 끝없는 생각을 이어갔을 것이며, 그토록 깊이 생각하는 철학자의 삶은 또 무엇인지가 궁금했다.

철학에 대해 문외한인 필자지만 가끔 우리 삶의 근본은 부모에게 효도하는 것이라는 생각이 들 때가 있다. 효도하고자 하는 마음에 우리가 어떻게 해야 하는가에 대한 삶의 방식이 들어 있을 것 같다. 자식들이 하는 것을 말없이 그냥 지켜봐 주시는 마음은 어디서 온 것일까? 무엇이든 내어주시려고 하는 부모의 마음은 어디서 왔으며, 왜 그렇게 하시려고 하는지 이해할 수 없는 무엇이 있다.

이런 물음에 대한 답을 찾기 전에 이 길을 걷다 보니 자연스럽게 한 가지 질문이 생기게 되었다. 왜 독일에는 철학자들이 많이 나오게 되었을까?

맑은 날씨가 적고, 흐린 날씨가 많아서일까? 땅이 척박해서일까? 가진 자원이 부족해서일까? 아니면 생각이 깊은 독일 국민의 인간성 자체가 철학자가 많이 나오는 형질을 가진 것일까?

독일의 날씨가 그렇게 좋은 편은 아니다. 비가 오거나 흐린 날이 많고, 겨울에는 흐리고 어두우며 눈이 많이 온다. 이런 날씨가 계속되면 인간은 자연스럽게 우울해진다. 이런 날씨로 인해 철학자가 많이 나온 것일까? 이것도 한 이유가 될 것이다.

철학이란 사전적인 용어로 보면 '인간과 세계에 대한 근본 원리와 삶의 본질 따위를 연구하는 학문, 흔히 인식, 존재, 가치의 세 기준에 따라 하위 분야를 나눌 수 있다. 자신의 경험에서 얻은 인생관, 세계관, 신조 따위를 이르는 말'로 정의를 내릴 수 있다. 이런 사전적인 정의가 아니라도 철학이란 우리 인간과 많이 닮아 있는 말일 것이다.

하이델베르크에는 라인 강의 지류인 네카르 강이 흐른다. 이 강의 한쪽에는 하이델베르크의 고성이 위치해 있으며, 다른 한쪽의 언덕 위에 철학자의 길이 있다. 철학자의 길에서 오래된 성과 유유히 흐르는 강을 동시에 내려다볼 수 있다. 하이델베르크에 철학자의 길이 있음으로 미루어보아 아마도 철학자들은 흐르는 강을 내려다보면서 걷기를 좋아했나 보다. 걸으면서 영감을 얻기도 하고, 걷다가 떠오르는 생각을 정리하곤 했을 것이다.

걷는다는 것이 우리의 머리를 자극해서 한동안 찾지 못했던 답을 발견하기도 한다. 그랬기에 철학자들은 걷기를 좋아했을 것이며, 이 길이 생겨났을 것 같다. 굴속의 벽을 보고 깨우치는 고승도 있다고 하고, 깊은 산속 조용한 암자에서 삶의 본질을 깨우치는 스님도 있듯이, 철학자들 중에서도 걸으면서 삶의 본질과 가치에 대한 답을 찾았던 철학자가 있었음에 틀림이 없을 것 같다.

철학자의 길이 언덕 위에 좁은 길로 되어 있다. 벽에는 작은 고사리가 돋아나 있기도 했고, 길의 바닥에는 우리나라에 있음 직한 노란색의 민들레꽃이 피어 있기도 했으며, 이름도 알 수 없는 작은 꽃도 피어 있었다. 사람들의 발길이 닿지 않은 담 밑에 이름도 모르는 들풀의 작은 노란색 꽃이 예쁘게 피어 있었다.

담벼락에는 지금은 낮이라 구멍 속에 숨어 있을 거미가 사는 거미집도 보였다. 자기의 보금자리라 여기며, 거미집에 숨어 사는 거미들도 그 옛날 걷고 있던 철학자들과 조용히 대화를 나누었을 것이다. 주고받는 자연의 소리에서 서로 마음으로 소통하는 즐거움이 있었을 것이다. 자연과 하나가 된 듯 그 속에 녹아들었을 것이다.

담을 쌓은 돌에 이끼도 자기 얼굴을 자랑하고 있다. 물기가 많은 곳에 있는 푸른 이끼는 습기 차고 약간 어두운 골목길에 있었지만, 밝은 색의 이끼는 그래도 한동안 햇빛이 들어오는 밝은 곳에서 볼 수 있었다. 이끼라도 다 같은 것이 아니듯 '모든 것이 모

철학자의 길 돌담에서 만난 작은 꽃과 이끼, 거미집

두 다 같은 것이 아니다.'라는 것을 느낀다.

이 길을 걸어갔던 많은 철학자들은 발밑에 핀 민들레꽃을 보면서, 이름을 알 수 없는 작은 꽃들을 보면서, 담을 넘어온 담쟁이 넝쿨의 풀잎을 보면서, 돌에 핀 푸른 이끼와 흰색의 이끼들을 보면서, 한가롭게 날고 있는 작은 벌을 보면서, 돌담에 기어가고 있는 작은 벌레들을 보면서, 담 넘어 과수밭에 열려 있는 사과와 작은 포도를 보면서, 길 건너 반대쪽 언덕 위에 솟은 하이델베르크 성을 보면서 깊은 생각을 하고 많은 영감을 얻었을 것이다. 흐리며 눈이 오는 한겨울에는 두꺼운 옷을 입고서 지금 보이는 꽃들도 없이 눈 덮인 좁은 길을, 미끄러지지 않으려고 조심해 걸으며 깊은 생각에 빠졌을 것이다.

하이델베르크에서 멀지 않은 프랑크푸르트에서 태어난 작가이고 철학자이며 과학자인 괴테(Johann Wolfgang von Goethe)도 여기 철학자의 길을 걸었을까? 우리나라에 있는 '독일문화원'을 '괴테 인스티튜트(Goethe Institut)'로 부르는 이유는 괴테의 문학적인 업적을 기리기 위해서일까?

그는 일생 동안 여러 곳을 다녔으니, 하이델베르크도 스쳐 지나갔을 것 같다. 만약에 괴테가 이 철학자의 길을 걸었다면 어떠한 생각을 했을까 궁금하다. 인터넷을 통해 괴테가 남긴 명언들을 찾아보았다. '인간은 무엇인가를 이루기 위해 열심히 노력하다 보면 실수를 할 때가 있다', '왕이건 소작농이건, 가정에서 평화를 느끼는 사람이 가장 행복한 사람이다', '당신이 할 수 있거나 꿈을 꿀 수 있는 무엇이 있다면, 그것을 시작하라. 그 용맹함에는 천재성과 힘 그리고 마법이 있다'. 이와 같이 괴테도 인간의 삶과 행

공학자의 눈으로 본
독일 대학과 문화

『젊은 베르테르의 슬픔』과 『파우스트』 등 많은 작품을 남긴 괴테의 생가.
프랑크푸르트의 일반 건물들 사이에 있는 작은 집이며,
현재에는 괴테 박물관(Goethe Museum)으로 이용되고 있다.

복, 그리고 인간의 꿈을 위해 노력할 것을 주문하는 말들을 남겼다.

현재를 사는 독일 사람들도 도로에 표지판을 세울 때, 주차장 표시를 할 때, 도로 이름을 붙일 때 많은 생각을 하는 것 같다. 차가 지나갈 때를 생각하며 여유 공간을 생각하고, 사람이 좋아할 만한 차의 모양을 정하고, 도로가에 세워진 건물들의 색을 정하고, 건물들의 창문의 크기와 형태와 색을 생각하고, 건물의 높이가 눈에 거슬리지 않을 높이를 정하는 마음속에 우리 인간이 가질 수 있는 생활 철학이 들어 있지 않을까? 이것은 같은 것을 피하려고 했던 인간의 작은 소망을 그려낸 결과라 할 수 있을 것이며, 조금이라도 더 인간을 안락하게 해주려는 마음이 담겨 있었을 것이다.

도로 모서리 공간을 비워둔 주차장이 있는 독일의 거리

공학자의 눈으로 본
독일 대학과 문화

철학자의 길에서 느낀 자신의 삶에 대한 근본적인 것을 대학에서 학생들과 함께 생각하고 이야기할 수 있으면 좋겠다고 생각했다. 필자는 대학 1학년 때 교양 과목으로 '철학'이란 수업을 들었다. 오래전에 들었던 교과목이라 어떤 내용이 들어 있었는지 정확하게 기억은 없지만, 오늘 같은 날을 대비했다면 더 깊이 공부했을 것이다.

하이델베르크에 있는 철학자의 길을 걸으며, 철학이 궁극적으로 우리 삶에 대해 깊이 생각하는 학문이라는 생각이 들었다. 대학에서 학생들에게 철학에 대한 수업을 좀 더 많이 받게 하여 삶속에서 인간을 깊이 사랑하는 마음을 배우게 한다면, 우리 사회가 보다 따뜻하고 남을 배려하는 사회가 될 수 있을 것이라는 바람을 가져보았다.

쾰른 대성당 주변에는 사람들이 많다. 하루에도 수만 명의 관람객들이 방문한다. 어느 나라에서 왔을까? 어린아이에서부터 중년의 신사까지 남녀노소 구별 없이 많은 사람들이 대성당을 들어가고 나온다.

157미터 높이의 웅장한 대성당은 멀리서도 잘 보인다. 라인 강변에 지어졌으며 세계에서 가장 큰 고딕 양식의 건물 중 하나이다. 대성당 외부에는 많은 성인들이 조각되어 있으며 화려하게 장식되어 있다. 내부에는 스테인드글라스 창과 성모마리아상, 오래된 나무 십자가 등 많은 유물들이 있다. 대성당은 1248년 짓기 시작하여 1880년 완공되었으니 632년 걸린 건물이다. 쾰른 대성당은 1996년 유네스코 세계문화유산으로 등재되었다.

고딕 건축 양식(Gothic architecture)은 중세 말 유럽에서 성행했던 건축 형태로, 12세기 프랑스에서 시작되었다. 고딕(Gothic)이라는 말은 이탈리아의 르네상스 작가들이 르네상스 이전의 모든 유럽 중세 예술품 및 건축을 비판하기 위해 사용한 용어라고 한다. 많은 교회와 대수도원 등에서 쉽게 볼 수 있으며, 20세기에는 대학의 주요 건물에까지 확대되었다. 고딕 양식의 특징은 첨두형 아치(Pointed Arch), 리브 보울트(Ribbed Vault), 건물 바깥에 돌출된 갈비뼈 모양의 가는 살들이 고르게 분포된 모양의 플라잉 버트레

쾰른 대성당의 전체 모습을 찍고 싶어서 라인 강 위에 건설된
호헨촐레른다리(Hochenzollernbrücke)가 있는 곳으로 가니,
그곳에서는 이렇게 높은 대성당의 모습을 다 담을 수가 있었다.

스(Flying Buttress)를 사용하여 건축의 미와 안정성을 확보하고 있다.[11]

대성당을 자유롭게 드나드는 사람들은 어떤 마음일까? 사람들은 각자 정해진 일정에 따라 움직이겠지만, 이곳에서 보는 사람들의 얼굴에서는 여유가 느껴진다. 일상생활에서 조금은 벗어나서 마음의 여유를 찾는다. 지도와 여행 안내서를 번갈아 보면서 높이 솟아 있는 대성당 건물을 올려다본다. 자신이 이 건물을 설계한 듯, 어디가 잘되어 있고 어디가 멋있어 보인다고 이야기를 하고 있다.

대성당 바로 옆에는 쾰른 중앙역이 있다. 대성당을 찾는 사람들의 편리를 위해 가능한 한 대성당과 가까이 있다. 역을 지을 때는 대성당에 미치는 영향을 고려했을 것이다. 기차가 다니는 중앙역을 세우더라도 대성당에는 아무런 영향이 없다는 판단하에 지었으리라. 대학에서 배우는 건축공학과 토목공학 및 환경공학 등에서 배우는 다양한 기술이 이용되었을 것이다. 대성당의 아름다움을 지키면서 대성당의 안전에 조금의 문제도 없었기에 쾰른 중앙역이 세워졌을 것이다.

우리나라에서도 대도시 한가운데나 문화재가 있는 부근에 대형 건물이 들어설 때, 교통 및 안전에 대한 여러 가지 영향 평가를 실시한다. 건물이 완성되고 난 후, 건물이 세워지기 전에 실시했던 영향평가가 부실했다는 기사를 종종 본 적이 있다. 앞으로의 세계는 문화의 세계다. 한 나라가 가진 고유한 문화적 자산은 곧 힘이 된다. 보호해야 할 가치가 있는 건물이나 문화재급 건물들은 오랫동안 보존되면 좋겠다.

공학자의 눈으로 본
독일 대학과 문화

쾰른 대성당을 앞에서 바라보고 있으면 웅장함과 세밀함에 놀란다. 주위에 어떤 건물이 세워지더라도 대성당의 안전에 문제를 일으키게 하면 안 될 것이다. 만약에 이런 문제가 발생되면 세계 문화유산으로 등재가 된 아름답고 웅장한 대성당을 지킬 수 없을 것이다.

쾰른 대성당은 독일 국민들의 마음속 보물이다. '우리도 이렇게 멋진 건물을 설계하고 지을 수 있다.'라는 자부심을 줄 것이다. 이 자부심을 지키기 위해서는 현재를 살아가는 국민들이 대성당에 대한 관심을 소홀히 하면 안 될 것이다. 문화는 깊이가 있어야 한다. 문화에는 국민들의 바람이 함께 녹아 있어야 한다. 이와 함께 국민들의 자부심도 지켜지는 것이다. 문화재급 건물을 세우는 것이 중요한 것이 아니라, 문화재급 건물들을 앞으로 어떻게 지켜나갈 것인지가 더 중요할 때가 되었다.

대성당을 쌓아 올릴 때 돌 하나에도 정성을 들여서 다듬고 하나하나 쌓고 쌓았을 것이다. 사람들의 그런 정신이 모여 세계 문화유산이 된 것이다. 오고 가는 방문객들은 대성당을 쌓아 올릴 때의 그 정성을 느껴서일까? 바라보면서 만족해하며, 얼굴에 웃음을 머금은 즐거운 표정들이다.

이렇게 즐거워하는 많은 사람들의 웃음 속에서도 필자는 대성당 벽면에 세워진 많은 성인들의 모습을 바라보고 있으면, 아직도 이 지구 상에 '내가 옳고 네가 잘못되었다.'며 전쟁이 일어나 많은 사람들이 죽어가고 있음이 생각나 종교란 무엇이며 어떤 의미가 있는 것인가라고 나 자신에게 반문하게 된다.

쾰른 대성당의 바깥 벽면에는 총알 자국도 많이 보인다. 그 속

퀼른 대성당의 각 문에는 많은 성인들이 새겨져 있다. 이렇게 성인들이 많은데, 왜 전쟁이 세계 곳곳에서 일어나며, 못사는 사람들이 많고, 병들어 죽어가는 사람들에게 필요한 약품이 사용되지 못할까 하는 생각이 든다.

에서 역사를 느끼게 하기 위해서인지 그냥 그대로 두고 본다. 아니면 보수를 해야 될 부분이 많기에 다음에 보수를 하기로 계획했을지도 모른다. 지금은 여러 곳에 보수 작업을 하고 있다. 수백 년의 풍파 속에 비바람에 의한 부식과 자동차나 공장 매연으로부터 나오는 물질들로 인한 부식을 복원하는 작업을 하고 있다. 부식된 것을 없애고, 더 이상 부식이 진행되지 않게 한다. 새들의 오물을 씻어내고 더 이상 묻지 않게 하기 위해 노력하며, 외부 벽면에 묻어 있는 때를 물로 씻어내고 건물에 해가 되지 않는 약품으로 닦아내고 있다. 필요할 경우 일부 해체를 해서라도 보수를 하고 다시 쌓기도 한다. 모두가 오랫동안 보존하기 위한 노력일 것이다.

우리 대학을 돌아본다. 지켜야 하며, 보존할 가치가 있는 건물은 어느 것일까? 보존할 가치가 비록 적더라도 오랫동안 사용하기 위해서는 어떻게 해야 할까? 보존할 가치가 있는 건물이 있다면 오랫동안 지키기 위해서 우리는 무엇을 해왔을까? 학생들에게는 그 정신을 심어주었는가?

지금까지 이 부분이 소홀했다면, 이제라도 해야 할 것 같다. 새 것만이 다 좋은 것은 아니다. 한 나라의 정신세계를 볼 수 있는 것을 지키기 위해 많은 국가적인 노력이 필요하다. 현재 우리에게 남아 있는 것을 지키고자 하는 정신이 무엇인지 학생들에게 가르쳐야 할 것 같다. 파괴되고 없어지고 난 후 아무리 후회해도 소용이 없는 것이다.

문화 대국이 곧 세계를 리드하는 나라가 될 것이 틀림없다. 우리 모두가 다 함께 노력을 해야 할 것이다. 쾰른 대성당 앞에서 우리가 지켜야 할 것이 무엇인지를 생각하게 하는 시간을 보냈다. 라인 강을 따라 흐르는 강물과 쾰른 중앙역으로 들어오는 기차를 보면서, 쾰른 대성당의 멋진 모습을 필자의 가슴속에 새겨보았다.

브란덴부르크 문을 보면서

1990년 독일이 통일된 이후 브란덴부르크 문은 독일 통일의 상징이다. 통일을 막고 있었던 분단의 벽이 무너지고 난 후, 독일 국민에게 어느새 이 문은 독일 통일과 함께 생각하는 곳이 되었으며, 주위에 모여드는 사람들을 보면 분명 독일을 대표하는 장소인 것을 한눈에 알 수 있다.

브란덴부르크 문은 19세기 이후 프로이센군 및 독일군이 개선할 때마다 반드시 통과하는 개선문이 되었다. 이랬던 문은 동·서독으로 나누어진 후 분단의 상징물이 되었다. 또한 1989년 11월에 베를린 장벽이 무너질 때 십만 명이 넘는 관중이 모였던 곳이다.[12]

이 문의 형태는 그리스 아크로폴리스 입구의 관문인 프로필라이아(Propylaea)를 본떠 만들었으며, 베를린이 그리스 아테네와 같이 학문과 예술의 중심임을 상징하고자 했다. 문의 꼭대기에는 승리의 여신상인 콰드리가(Quadriga)가 고대 전차를 타고 있는 모습이 위풍당당하다. 영화 〈벤허〉에 나오는 네 마리 말이 끄는 마차를 생각하게 한다.

사람들이 많이 모여들고 있는 브란덴부르크 문을 바라보고 있으니, 분단의 상처는 천천히 사라지고 있으며 브란덴부르크 문 위에 있는 고대 전차는 새로운 세상으로 힘차게 달려가는 것 같

독일 베를린에 있는 브란덴부르크 문

다. '독일은 현재 재건축 중'이라 할 만하게 베를린 시내에서도 많은 건설현장을 볼 수 있으며, 유럽 연합에서 최강의 경제적인 부흥을 다시 일으키고 있는 나라임을 실감할 수 있다.

독일 통일을 위해 많은 정치인들의 노력이 있었으며, 대다수 국민들은 동서독의 통일을 마음 졸이며 기다렸다. 독일 통일을 가장 원하지 않았다고 하는 영국, 프랑스 등의 국가들도 독일 정부의 진정성 어린 태도를 보고, 독일 통일에 대해 양해와 지원을 해 주었다고 한다.

통일이 된 독일은 많은 통일 비용을 부담했고 아직도 통일에 대해 회의적인 시각을 가진 독일 국민들이 많이 있다. 통일 전 서독 인구는 6,300만여 명이었으며, 동독 인구는 1,600만여 명이었

브란덴부르크 문의 지하철역에 내려가 보면 역사적인 인물로 동독과 폴란드 및 소련과의 관계를 평화적으로 잘 이끌어 통일의 기반을 만들었던 빌리 브란트(Willy Brandt) 서독 수상과 존 에프 케네디(John F. Kennedy) 미국 대통령이 함께 찍은 사진을 볼 수 있다.

공학자의 눈으로 본
독일 대학과 문화

는데, 통일 후 현재 8,000만여 명의 인구가 되었다. 이로써 독일은 유럽에서 최대 인구를 가진 나라가 되었으며, 이것이 장차 독일을 지탱하는 큰 힘이 될 것이다.

통일을 해야겠다는 서독 정치인들의 끈질긴 노력과 주변에 있는 통일을 반대했던 나라들에 대한 설득은 통일을 이루는 데 가장 중요한 요소였다. 통일이 된 지금 거침없이 나아가는 독일의 정치 및 경제의 힘찬 모습을 보면서 우리도 마냥 부러워할 것이 아니라, 지구 상에 남아 있는 유일한 분단국가인 우리나라는 통일된 독일을 보며 무엇을 배워야 할지, 어떻게 하는 것이 최선인지, 어떤 전략으로 나아가야 통일이 될지를 찾아야 할 것이다. 우리나라 행정조직에 통일부가 있다. 독일이 통일을 이루어나가는 과정으로 볼 때, 통일부의 역할이 한층 더 필요하다고 생각한다.

우리나라 대학들에서도 통일에 대한 연구를 많이 해야 할 것이다. 통일이 될 경우를 생각해서 한민족의 정체성 확립을 위한 한글 교육 준비가 최우선적으로 중요한 일일 것이다. 오랜 시간 동안 국토 분단으로 인한 정신적인 단절을 메워줄 교육을 어떻게 할 것인지, 국토의 난개발과 지역 불균형을 해소할 종합적인 국토 발전 계획은 어떻게 하는 것이 좋은지, 현재에도 젊은이들의 일자리가 문제가 되고 있는데, 통일이 되면 어떻게 새로운 일자리 창출을 할 것인지에 대한 연구가 무척이나 중요한 과제일 것이다. 더 나아가 우리를 둘러싸고 있는 나라들뿐만 아니라, 세계 속의 '통일 대한민국'으로서의 발전 전략에 대해서도 많은 연구를 해야 한다. 특히 외교적인 측면에서, 이해 당사국 간의 실용적이고도 합리적인 접점을 찾고, 신뢰를 쌓아가는 노력이 필요할 것이다.

비록 많은 어려움이 있겠지만 대한민국도 언젠가는 반드시 통일이 되어야 하는 것만은 틀림이 없다. 서독 국민들이 외쳤던 "우리는 하나의 국민이다.(Wir sind ein Volk.)"라는 구호와 같이.

우리나라도 통일이 되어야 하는 이유를 다음과 같이 말할 수 있을 것이다. 첫째, 남한과 북한은 같은 말과 글을 사용하는 하나의 민족이다. 비록 현재 사용하는 말과 글이 일부 다르다 하더라도 한글의 근간이 같기에 하나의 말과 글을 사용한다고 할 수 있다.

둘째, 한 민족이기 때문이다. 분단 이후 많은 세월이 흘렀고 여러 가지 역사적 사실에 대해 서로 다른 교육을 받았지만, 한 곳으로 나아가고자 하는 정성과 열의가 우리에게 있다면 큰 문제가 아닐 것이다.

셋째, 통일이 된다면 경제적으로 강력한 나라가 될 수 있기 때문이다. 내수 시장의 확보로 보다 활동적인 제품 생산과 경제적인 운영이 가능할 수 있다. 5,000만 명(2012년)의 남한 인구와 2,470만 명(2012년)의 북한 인구가 합쳐지면 7,470만 명이 되는데, 인구수로 세계 18위(2012년 기준)에 해당한다. 이를 통해 경제 대국으로 나아갈 틀이 만들어질 수 있다.

이와 더불어 안정적인 통일이 되기 위해서는 다음과 같은 사항들이 극복되어야 한다.

첫째, 막대한 통일 비용이 필요하다. 통일 비용은 하나의 국가로 통일이 되어 사회 통합이 되기 위한 경제적이며 사회적인 비용을 말한다. 독일의 경우 1990년 10월 통일 이후 20년 동안 약 2조 유로(3,000조 원)가 통일 비용으로 지출되었다고 하는데, 아직도 매년 1,000억 유로(약 150조 원)가 들어간다.(중앙일보, 2010년 9월 6일) 우리나라도 통일이 되기 전, 통일 비용 마련을 위한 철저한 준비가 되어야 한다. 그렇지 않을 경우 커다란 어려움이 올 수도 있다.

둘째, 남한과 북한 국민들의 인식 차이를 어떻게 극복할 것인지가 중요하다. 1948년 8월 15일 대한민국이 정부 수립을 선포하였고, 같은 해 9월 9일 북한이 조선민주주의인민공화국을 선포하여 공식적으로 분단되었으니, 66년의 세월이 흘렀다. 그동안 양쪽 국민들이 가지고 있는 '한 민족'이라는 정체성에 대한 인식 차이를 극복하는 것이 어려운 문제일 텐데, 정말 많은 노력을 기울여야 할 것이다.

유비무환이란 말도 있고, 타산지석이란 말도 있다. 독일 통일을 보면서, 통일을 위한 준비는 아무리 많이 해도 과하지 않을 것이며, 독일이 통일을 어떻게 이루었는지 배우는 데 주저함이 없어야겠다고 느꼈다. 이러한 일들을 차근히 그리고 끊임없이 준비하는 것이 정부와 대학의 역할이 아닐까 생각해본다.

브란덴부르크 문을 지탱하고 있는 기둥 옆에 서서 떨리는 마음으로 우리나라 대한민국의 통일을 기원해본다.

독일에 있는 많은 연구소 주위에는 사시사철 푸른색을 띠는 잔디가 있다. 가을이 되고 겨울이 되면 빛을 잃을 만도 한데, 항상 푸른빛을 가지고 있다. 눈이 온 날이라도 눈이 녹을 때면 다시 푸른빛을 나타낸다.

연구소 주위 잔디밭 위에 서서 이야기를 나누었던 친구들은 다 떠나고 없지만, 푸른빛의 잔디는 아직도 필자를 반갑게 맞이해주고 있다. 세월의 흐름에 따라 사람들은 가고, 발아래 푸른빛의 잔디만 남아 있는 듯하다.

푸른 잔디밭 위에서 가끔 열렸던 연구소 파티가 생각난다. 일 년에 두 번 정도 교수님과 석사, 박사과정 학생들이 함께 모여 철판 위에 불을 피워놓고, 뼈가 붙어 있는 돼지 갈비 살인 코틀렛(Kotelett)으로 그릴을 한다. 독일 사람들은 대체로 많이 먹는다. 1인분으로 1.5킬로그램을 준비하고, 이것이 모자랄 경우를 대비해서 흰색의 소시지를 준비해둔다. 독일 사람들과 달리 필자의 입맛에는 코틀렛보다 소시지가 더 맛있었다.

둘러서 있던 연구원들은 불판 위에서 잘 익은 코틀렛을 하나씩 받아서 먹는다. 독일이 자랑하는 맥주를 곁들이며, 연구를 수행하면서 있었던 이야기, 기업체 방문 때 있었던 이야기 등을 연구원들과 연구 보조원들, 그리고 교수님과 함께 자유롭게 나누는 기회이기도 했다. 그곳이 잔디 위라 서 있는 느낌이 한결 푹신해서 좋았다.

이야기를 주고받는 시간은 길었다. 보통 이런 행사를 할 때에는 병에 든 맥주를 사용하지 않고 생맥주를 마신다. 잔을 넘쳐흐르는 거품의 맛도 괜찮은 것 같았다. 정치에 관한 것부터 집안에서의 아이들 이야기까지 주제는 제한이 없다. 연구실에서 일상의 시간을 보낼 때에는 커피를 앞에 두고 대화를 하지만, 야외에서나 식당에서 만나서 대화를 할 때에는 항상 맥주나 포도주를 곁들인다.

독일을 대표하는 맛있는 음식이 많은 편은 아니다. 독일 전통 음식으로는 감자를 가지고 만든 음식들이 몇 가지 있고, 소고기를 크게 썰어 넣어 끓인 스튜인 굴라쉬(Gulasch), 완두콩을 넣어 끓인 수프, 여러 종류의 맛있는 소시지들, 2,000여 가지가 넘는다는 질 좋은 맥주, 그리고 돼지 갈비 살인 코틀렛 등을 들 수 있다.

독일은 수질이 좋지 않은 탓에 물을 대신할 수 있는 맥주를 많이 마시게 된 것으로 전해진다. 독일의 빌헬름 4세가 1516년에 맥주의 품질 향상을 위해 맥주를 만들 때 보리, 홉, 효모, 물 외에는 사용하지 못하도록 법으로 정하였다(맥주 순수령, Reinheitsgebot). 맥주를 분류할 때에는 발효시킨 뒤 효모가 가라앉으며 낮은 온도에서 발효되는 '하면발효맥주(bottom fermented beer)'와 발효 중에 이산화탄소와 함께 효모가 가라앉지 않으면서 높은 온도에서 발효되는 '상면발효맥주(high fermented beer)'로 구별한다.

상표가 부착되어 일반 상점에서 직접 살 수 있는 맥주가 있으며, 맥주를 만드는 소규모 공장이 있는 가게에 가야만 맛볼 수 있

베토벤의 생가 바로 옆 가게에도 본에서 가까운 도르트문트(Dormund) 지역에서 생산되는 특색이 있는 맥주를 팔고 있다. 이 맥주는 밝은 색과 강한 맥아 향기를 가지고 있다.

는 맥주가 있다. 많은 종류의 맥주를 맛볼 수 있는 것은 아마도 독일 주 정부의 법으로 식품 안전상 문제가 없고 관련 검사를 통과하여 개인이 등록을 하면 판매가 가능하기 때문일 것이다. 그래서 독일에는 매우 다양한 상표의 맥주가 있으며, 그런 맥주들은 지역에 따라 사용하는 원료와 수질 및 기후의 차이에 따라 맛이 다르게 나타난다. 알코올이 들어 있지 않는 것부터 10% 넘는 것도 있다. 이렇기 때문에 식당에 가면 여러 종류의 맥주를 개인의 취향에 따라 선별해서 마신다.

개인이 좋아하는 맥주에 따라 자주 찾는 맥주집이 다르다. 음식점에서 내어놓은 테이블에 앉아 맥주를 마시는 사람들은 지나

아헨 대학교 본부 부근에 많은 식당이 모여 있는 곳. 여러 음식점에서 손님들을 맞고 있다. 여기에 앉아 있는 사람 대부분은 학생들이며, 지나가는 사람들을 보면서 자신들의 이야기를 서로 주고받는다. 차가 다니지 않는 길이라 더욱 분위기가 좋다. 이것은 거리의 특성을 살리는 방법일 것이다.

가는 사람들에는 신경을 쓰지 않으며, 마주 앉은 사람과 즐겁게 그들만의 이야기를 한다.

사람들과 많은 이야기를 나누는 것은 좋다. 자신이 가진 생각을 남에게 이야기함으로써 스트레스도 풀고, 자신이 모르는 사실도 알 수 있는 시간이 된다. 남의 이야기를 듣는 것은 자기의 생각을 정립하는 데 큰 도움이 될 수 있기에, 남의 의견을 듣는 시간을 많이 갖는 것이 좋다. 독일 대학이나 중고등학교에서는 자기 의견을 발표하는 시간이 많은데, 학생들은 자신의 생각을 정리하는 연습과 정리된 내용을 다른 학생들 앞에서 발표할 수 있는 능력을 키우는 연습을 한다.

몇 년 전 브레멘 대학을 방문했을 때, 코프 교수와 함께 마셨던 '벡스(Beck's)' 맥주. 벡스 맥주는 1873년부터 브레멘에서 생산을 시작했으며, 해외 수출을 가장 많이 하는 맥주이다. 알코올을 5.0% 함유하고 있으며 엷은 황금색이 아름답다.13

공학자의 눈으로 본
독일 대학과 문화

맥주 한 잔과 함께하는 대화는 대학 생활에서 오는 여러 가지 고민을 이야기하는 시간이 될 수 있고, 그런 시간을 통해 보다 나은 대학 생활을 할 길을 찾을 수도 있을 것이다. 생각만 해도 기쁜 일이다.

우리 대학생들에게도 수업 시간에 자신의 의견을 발표하고, 남의 의견에 대한 자신의 견해를 주고받는 시간을 많이 갖도록 노력해보아야겠다. 학생들은 보통 수업이 있는 날에는 1~3개의 강좌를 하루에 듣는다. 수업 중에 질문이 있는지 물어보지만, 질문을 던지는 학생들을 발견하기는 쉽지 않아 안타까울 때가 많다. 우리나라 교육의 문제인지 아니면 학생들의 생활 습관 문제인지 잘 모르겠지만, 학생들은 질문을 하지 않는다. 수업한 내용을 잘 알아듣고 있는지 파악하고 싶은 것이 교수들의 마음일 것이다.

학습 목표를 달성하기 위해, 수업을 맡고 있는 교수와 수업을 받는 학생들과의 소통에 보다 많은 노력을 해야 할 것이다. 즉, 교수 과정을 적절히 조절함으로써 학급의 약 95% 학생이 주어진 학습 과제의 90% 이상을 완전히 학습해낼 수 있다는 것을 가정하는 이론을 제시한 블룸(B. S. Bloom)의 '완전학습'을 위한 여러 방법들을 동원해야 할 것이다.[14]

대학에는 많은 교수들이 있고 학문 분야가 다르지만, 완전학습을 위한 단계들의 적용이 가능할 것이다. 이를 위해 오래전부터 많은 대학에서도 '교수학습지원센터'가 세워져 운용되고 있으며, 이 센터의 활성화를 통해 학습 효과를 높일 방법을 찾을 수 있을 것이다.

앞으로 학생들에게 '자신의 생각을 발표할 수 있는 능력'을 더욱 열심히 길러주어야겠다. 필자도 이번 학기부터 학생들과 대화를 많이 하는 수업이 될 수 있도록 무엇인가 새로운 교수 방법에 대해 고민해보아야겠다. 학교 가까이에서나 멀리 떨어져 있는 곳에서 학교까지 와서 수업을 받고 가는 학생들에게 수업에 대한 내용뿐만 아니라, 우리 인생에 대한 삶의 지혜를 함께 이야기해 주고 싶다. 주고받는 대화 속에 서로의 마음을 알 수 있는 열쇠가 있을 것 같다.

공학자의 눈으로 본
독일 대학과 문화

음악을 좋아하는 국민

독일 사람들은 음악을 참 좋아하나 보다. 음악이 흐르는 곳에 사람들이 모여들고, 함께 어깨를 들썩이며 어울리는 모습을 보여준다. 일상생활과 함께하는 음악 속에서 하루의 피로를 푸는 것 같다.

통일이 되기 전 임시 수도였던 본(Bonn)의 옛 시청이 있는 곳에서 저녁 시간을 보낸 적이 있다. 어디서 음악 소리가 났고, 사람들이 모여 있었다. 8~9명의 아저씨들이 가게 앞에 모여 앉아 각자 가지고 온 여러 악기들을 연주하고 있었다. 기타 치는 사람이 네 사람, 첼로를 켜는 한 사람, 클라리넷 부는 한 사람, 색소폰을 부는 두 사람, 하모니카를 부는 한 사람으로 구성되어 있었다.

친구들의 모임이라서 좋고, 같은 취미를 가져서 좋고, 한 도시에 사는 것이 좋아 이렇게 모여서 즐거운 저녁 시간을 보내나 보다. 자신들의 즐거운 음악 소리를 반갑게 맞아주는, 음악을 사랑하는 주민과 관광객들이 있어 한층 신이 난 모습이다.

처음에는 앞에서 연주하는 사람들의 음악 소리만 있었는데, 구경하는 사람들 중에 신이 난 사람 몇몇이 앞으로 나가서 음악에 맞추어 춤을 추기 시작했다. 음악을 연주하는 사람들은 열심히 연주하고, 춤을 추는 사람들의 얼굴은 상기되었으며 등에는 땀이 배어 나오기도 했다. 모여서 구경하는 사람들도 제 자리에서 몸

자유롭게 모여 음악을 즐기는 독일 사람들

을 움직이며 음악에 몸을 맡기는 듯했다.

구경하는 사람들도 다양하다. 겨우 걸음을 걸을 수 있는 아이, 몸이 불편하며 휠체어를 타고 나온 사람, 노인, 수녀들, 이곳을 여행 온 사람들, 학생 같은 젊은 사람들, 아예 집에서 의자를 가지고 와 맨 앞줄에 자리를 잡은 사람들 모두가 다 신이 난 듯했다.

몇 곡의 음악이 흐른 후나 연주가 진행되는 동안, 음악을 듣던 사람들 몇몇이 펼쳐놓은 기타 가방에 동전을 던져 넣는다. 간혹 5유로 지폐를 주는 사람도 있다. 동전을 넣는 사람들에도 남녀 노소가 따로 없다. 모두가 음악에 대해 고맙다는 표현일 것이다. 아마도 연주자들은 여기 모인 돈으로 연주가 끝난 후 시원한 맥주를 마실 것이다.

거리 악사들의 음악소리에 맞추어 춤을 추는 사람들

이곳에 사는 사람들 중 악기를 다루는 사람들이 동아리에서 연주를 하고, 시민들은 음악에 맞추어 흥겨운 저녁 시간을 보낸다는 것은 즐거운 일이며, 이 지역에 살고 있음을 실감나게 만들어 줄 수 있을 것이다.

독일에서는 하루에도 두세 번 날씨가 바뀐다. 이렇게 좋지 않은 날씨를 극복하고 새로운 에너지를 충족하려고 독일 국민들은 음악을 좋아하는 것 같았다. 그래서 그런지 사람들은 흐르는 음악에 따라 쉽게 몸을 흔들 수 있었다.

독일에서는 베토벤, 바흐, 바그너, 브람스, 멘델스존 등 유명한 음악가들이 많이 나왔다. 이런 음악가들이 많이 나오게 된 것도 독일의 교육과 무관하지는 않았을 것 같다. 사색을 많이 하는 시간을 어린이에게 주었으며, 자유롭게 음악과 접할 수 있는 기회가 있었기 때문에 가능했을 것이다. 초중고 학생이 다니는 학원이 없고 야간 자율학습이라는 제도가 없는 이곳 청소년들이 자연스럽게 음악과 접할 기회가 많았던 것은 아닐까?

본(Bonn)에서 태어난 독일의 천재 음악가 베토벤(Ludwig van Beethoven)의 동상이 본에 있다. 베토벤은 이곳에서 태어나 주로 오스트리아 빈에서 작곡 활동을 했다. '엘리제를 위하여', '월광소나타', '비창 소나타' 등의 피아노곡을 만들었을 뿐 아니라, 우리나라에서 '운명 교향곡'으로 알려진 '교향곡 5번' 등 많은 교향곡을 만들었다.

아침에 바라본 베토벤의 동상이 햇빛에 빛나고 있었다. 동상을 받치고 있는 받침대 앞면에는 신화에서 나오는 것 같은, 사람 머리를 한 말 위에 머리를 푼 사람이 앉아 있는 모습이, 한쪽 면에는 비파를 켜는 여인이 아름답게 앉아 있는 모습이, 다른 한 면에는 비파를 켜는 여인을 네 명의 아기 천사들이 둘러싼 모습이, 또 다른 한 면에는 파이프 오르간을 치는 여인의 아름다운 모습이 새겨져 있다. 동상 아래쪽 화단에는 빨간색과 노란색의 예쁜 꽃들이 활짝 피어 있다.

베토벤 동상 뒤편에서 배경으로 받쳐준 노란색 건물은 독일 우체국 본사 건물이다. 본이 베를린으로 수도가 옮겨가기 전 임시 수도였기에 독일 우체국 본사가 이곳에 있나 보다. 노란색 건물을 배경으로 베토벤 동상이 더욱 도드라져 보인다.

공학자의 눈으로 본
독일 대학과 문화

본에 있는 베토벤 동상

쾰른 성당 뒤편에서 첼로를 연주하고 있는 두 사람

쾰른 성당 뒤편에서 첼로를 연주하고 있는 두 사람은 마냥 즐거운 표정이며, 그냥 음악이 좋아 음악 속에 있는 듯했다. 첼로를 연주하는 두 사람 뒤 벽에는 로마시대의 유물들이 비치되어 있다. 비록 던져주는 돈으로 저녁을 해결하는지는 알 수 없지만, 국민들이 음악을 좋아하는 줄 알기 때문에 사람들이 많이 모이는 곳에서는 이렇게 음악을 연주하는 사람들을 쉽게 만날 수 있다.

아헨 시의 중앙 성당인 돔(Dom)의 옆 모서리 부분에 자리를 잡고 혼자서 즐겁게 기타를 연주하고 있는 아저씨를 만났다. 기타 케이스를 앞에 열어두고 음악을 연주하는 이 사람은 기타에서 흘러나오는 소리에 취한 듯하다.

악기를 연주하는 사람들은 대부분 자신의 음악을 다른 사람들

공학자의 눈으로 본
독일 대학과 문화

아헨 시의 중앙 성당 옆에서 기타를 연주하고 있는 아저씨

에게 들려주고 싶은 마음이 앞서기 때문에 더운 여름이나 추운 겨울에도 계절과 관계없이 길거리에서 악기를 연주하나 보다. 음악 속에 밝은 정신과 맑은 정신이 흐르는 것은 아닌지? 음악을 연주하는 사람들이나, 이를 지켜보는 사람들이 모두 한마음이 된 듯했다.

쾰른 대성당 앞에서도 파이프 실로폰을 연주하는 젊은 사람을 보았다. 신이 난 듯 고개를 숙이고 자신이 연주하는 실로폰 소리에 빠져 있는 듯했다. 자신의 음악을 녹음한 CD를 10유로에 판다고 CD가 들어 있는 종이 박스에 써두었다. 실로폰 건반을 두드린 소리가 파이프에 전달되어, 여러 개의 관을 따라 울리는 맑은 소리가 먼 곳에서 온 듯하다.

쾰른 대성당 앞에서 파이프 실로폰을 연주하는 젊은 사람

베를린 브란덴부르크 문 앞에서 오르골을 연주하는 아저씨

언젠가 베를린 브란덴부르크 문 앞에서도 태엽이 돌면서 음악이 연주되게 만든 오르골(Orgel)이라고 불리는 악기를 연주하는 모자 쓴 멋진 아저씨를 보았다. 지나가는 많은 사람들에게 맑은 오르골 소리를 들려주고 있는 모습이 좋아 필자도 옆에 가서 사진 한 장을 같이 찍었는데, 신이 난 듯 아저씨의 얼굴에는 웃음이 가득했다. 오르골이 어린아이 유모차 같은 것에 올라가 있는 모습이 보기에 좋았다.

음악을 좋아하는 사람들은 마음이 아름답다고 했던가? 많은 사람들이 자신의 취미 생활을 위해서, 그리고 길을 가는 사람들의 귀와 마음을 즐겁게 해주기 위해서 이렇게 길거리에서 여러 종류의 악기들을 연주하며, 즐거워하며 사는 모습들을 보았다. 이렇게 음악을 좋아하는 국민들이 많은 나라는 행복할 것 같다.

오래전에 만났던 서울대 공과대학 전자공학과 성굉모 교수님이 생각난다. 이 교수님은 자신의 연구실에 석박사과정으로 진학한 학생들은 반드시 어떤 종류의 악기라도 좋으니 적어도 한 가지 악기를 다룰 수 있게 한다는 이야기를 들었다. 교수님 자신은 취미로 색소폰을 불고 있었으며, 같은 취미로 만난 사람들과 오케스트라를 구성해서 부산문화회관에 공연을 온 적도 있었다. 지금 생각하면 정말 맑은 정신을 소유하고 있었던 사람이라는 생각이 든다.

현재 많은 대학생들은 학비 마련을 위해 여러 종류의 아르바이트를 하고 있는 실정에서 값비싼 악기를 마련하고 배울 여유가 많지 않다. 그러나 음악을 사랑하는 학생들에게 학과에서나 대학에서 지원할 수 있는 방법이 있을 것 같다. 예를 들어, 문화체육

관광부와 한국문화예술교육진흥원에서 지원하고 있는 '예술강사 지원 사업' 같은 것을 활용하여, 음악을 사랑하는 학생들에게 악기를 다룰 수 있는 기회를 마련해주는 것도 좋을 것 같다. 이 사업은 현재 초중고 학생들을 위해 지원되고 있지만, 대학에서 노력한다면 대학생들에게도 지원이 될 수 있을 것이다.

이를 통해 대학에 다니는 학생들에게 아름다운 마음을 가질 수 있게, 그리고 이 세상에 맑고 밝은 마음이 퍼질 수 있게 한 가지 악기를 다룰 수 있는 기회를 주면 좋을 것 같다. 대학에 다니는 학부 학생들이나 온종일 연구실에만 있는 대학원들이 아름다운 음악 소리에 맞추어 흥이 나는 삶을 살아주기를 염원해본다.

아름다움으로의 도전

　　도시의 거리에서 볼 수 있는 색다른 건물들이, 건축의 아름다움에 대해 잘 모르는 필자에게는 그냥 이상한 건물이라고 여겨지지만 독일 국민들에게는 아름다움으로 다가오나 보다. 독일 국민들은 끊임없이 아름다움을 추구하는 국민임을 세워지는 건축물에서 느낄 수 있었다.

　사진의 푸른색 구조물은 오래전에 세워진 아헨 대학교 의과대학 병원(Universitätsklinikum Aachen: University Hospital Aachen) 앞에 설치된 헬리콥터 착륙장소다. 병원이 지어질 때에는 없었는데, 환자 수송의 편리성을 얻기 위해 병원 입구에 구조물을 덧붙여 만들었다. 이 푸른색의 구조물은 약간은 이상했지만, 외부에 칠해진 색과 문양이 대학 병원 내부 바닥에 깔려 있는 양탄자 색과 거의 일치하는 것으로 보아 구조물을 설계할 때 많은 생각을 했음을 알 수 있다.

　병원의 입구와 환자들이 기다리는 대기실은 미술품이 전시된 갤러리에 와 있는 느낌을 주기에 충분하다. 천장에 설치되어 있는 조명등의 종류와 위치, 천장에 돌출되어 있는 여러 모양, 바닥에 깔려 있는 양탄자의 색깔이며, 병원 입구에 설치된 조각품 모두 아름다움을 찾으려는 예술가 혹은 디자이너의 조언이 없었다면 가능하지 않았을 것 같다. 다른 도시에서나 유럽의 다른 나라

아헨 대학교 의과대학 병원의 헬리콥터 착륙장.
환자수송용 특수 에스컬레이터가 설치되어 있다.

에서 이 대학병원 의사의 진료를 받기 위해 찾아온 환자들과 입원한 환자의 쾌유를 바라면서 설치된 여러 가지 시설들 모두가 다 값진 것이다.

또 다른 색다른 건물인, 베를린에 새로 세워진 국회의사당 건물(Deutscher Bundestag Paul-Löbe-Haus)의 모습에서도 새로운 아름다움을 엿볼 수 있으며, 베를린 시내의 포츠담 플라츠(Potsdamer Platz) 부근에 있는 소니센터(Sony Center)에서도 새로운 감각을 추구하는 모습을 느낄 수 있었다.

소니센터는 약 7억 5천만 유로가 투자된 건물로 4년의 건축 기간을 거쳐 2000년에 완공된 구조물이다. 경제와 문화가 복합된 건물로 여러 사무실과 식당 및 상점들이 모여 있으며, 시민 문화공간과 주거공간까지 다양한 용도로 사용되고 있는 느낌을 받았다.[15]

8개의 건물이 천막 형태의 지붕으로 둘러싸여 있으며, 한가운데에는 많은 사람들에게 안락감을 줄 수 있는 커다란 분수대가 설치되어 있다. 돔으로 덮여 있는 철골 구조물의 차가움과 딱딱함 속에 외벽으로 사용된 유리의 조합과 색채가 모두 이채롭지만, 건물 속에 들어서면 어딘지 모르게 아늑한 느낌을 준다. 앞으로는 교통이 좋은 곳에 이와 같은 복합적인 기능을 가진 건축물이 많이 생겨날 것 같다.

이 구조물 바깥에서 본 것은 건물 외벽에 설치된 대형 유리판을 지탱하는 경량 강철봉을 당겨주는 지지대였다. 사람들이 다니는 인도에 있는 전신주나 교량을 지탱할 것 같은 형상으로 스프링과 함께 설치되어 있는 모습에서, 대담한 미적 대비와 설계자의 파격

베를린 시내 포츠담 플라츠의 소니센터 내부

소니센터와 같이 있는 에스플러네이드 레지던스의 건물 외벽 유리를 지지해주는 강철봉

적인 발상을 엿볼 수 있었다. 석조 건물의 벽 앞에 설치된 대형 유리의 투명함은 우리들 스스로의 내면을 비춰보고자 하는 의지를 나타낸 것으로 생각되었다.

소니센터 앞에 세워진 '소니센터에 오신 것을 환영합니다. 대한민국 국민연금'이라는 한글 간판을 보고 놀랐다. 2010년에 우리나라 국민연금공단에서 인수했다고 한다.

2차 세계대전이 일어나기 전 베를린에서 가장 번화했던 이 일대에 헬무트 얀(Helmut Jahn)은 소니센터뿐만 아니라 에스플러네이드 레지던스(Esplanade Residence)를 함께 설계했다. 헬무트 얀은 1940년 1월 4일 독일에서 태어난 독일 건축가이며, 독일 뮌헨 대학교(Technical Universität München)와 미국 일리노이 공과대학(Illinois Institut of Technology)에서 공부했다. 태국 방콕 국제공항, 시카고 오헤어 국제공항, 독일 프랑크푸르트의 전시장 탑(Messeturm), 미국 네바다 주의 라스베이거스에 있는 비어 타워(Veer Towers), 미국 플로리다에 있는 원 아메리카 플라자(One America Plaza), 도하(Doha)의 컨벤션 타워, 독일 본에 있는 도이췌 포스트 타워(Bonn Deutsche Post Tower), 일본 중앙 우체국 등을 설계했다.[16]

헬무트 얀 한 사람으로 독일의 건축에 대해 모두 말할 수는 없지만, 독일 건축가들은 옛날에 지어진 건물들을 가능한 한 보존하기 위해 많은 노력을 하며, 새롭게 지어지는 과감한 구조물에서는 새로운 아름다움에 대한 도전을 끝내지 않은 것 같다. 역사성에 덧붙여 인간의 생활에 편리함을 더해주고, 나아가 지금까지 시도하지 않았던 건축의 미를 불어넣고 있다. 주변에 있는 구조물과의 조화를 생각하는 깊이, 자연 속에 녹아들어가는 색과 빛의 이용, 대중의 문화를 고려한 군중의 심리를 이용한 형태, 내부 구조물과의 조화를 생각하는 자세, 외부로 나타나지 말아야 할 구조물의 특징을 과감히 드러냄으로써 일반인과 소통하고자 하는 것 등 모두가 독일 건축물이 가지고 있는 특징들이며, 이것은 끝없이 추구하는 아름다움으로의 도전이 아닐까 생각한다.

쾰른 대성당 뒤에는 루드비히 박물관(Museum Ludwig, Cologne)이 있다.[17]

대부분의 공간을 미술품으로 채우고 있기에 루드비히 미술관이란 이름이 더 나을 것 같았다. 이 박물관에는 초현실주의, 추상주의, 개념주의 작품들이 많으며, 특히 피카소(Pablo Ruiz Picasso) 그림이 많은 것이 특색이다. 이 박물관은 요셉 하우브리히(Josef Haubrich)가 소장했던 1914~1939년의 모던아트 작품을 1946년 쾰른 시에 기부함으로써 설립이 가능했다. 그 후 피카소의 작품, 러시아의 전위 예술품, 미국의 팝아트, 초현실주의 회화 등을 수집했던 루드비히 부부(Peter & Irene Ludwig)의 소장품들이 더해져, 현재의 박물관이 생기게 되었다. 이 박물관은 사진 및 영상에 이르기까지 현대 미술의 흐름을 알 수 있게 해준다.

개념주의(Conceptual Art)는 완전한 미술품보다는 아이디어나 작품 과정 자체를 예술이라고 하는, 새로운 형태의 미술 작품 창조 태도를 말한다. 기존의 미술 작품을 만들 때 사용한 형식과 기교 대신 일상에서 사용하는 평범한 대상물을 미술 작품으로 사용하고자 했다.

박물관의 위치가 좋아 관람하고자 하는 사람들의 발길이 이어진다. 박물관은 현대 미술품들로 모든 전시실을 메우고 있다.

루드비히 박물관 입구

　루드비히 박물관은 현대 미술품들이 전시된 곳이다. 필자 개인 적으로는 전시된 작품들의 뛰어난 작품성을 알 수 없다. 작가의 고유한 정신세계를 일반인들은 피상적으로 느낄 수밖에 없을 것이다. 일반인들이 미술품을 감상하며 받는 느낌은 어찌 보면 자유스럽고 창의적인 작가의 정신세계와 다를 수도 있을 것이다. 여기 전시된 것들은 더더욱 그렇다. 이것이 유명한 미술품인가? 이것이 여기에 전시되어도 되는 작품인가? 어려운 숙제를 안고 있는 학생 같이 필자도 용기를 내어 박물관 안으로 들어가 보기로 했다.

　바닥에 있는 가방과 연결된 ONE WAY 판이 인상적인 로버트 라우센버그(Robert Rauschenberg)의 〈Black Market〉(1961), 군인들이 깃발을 꽂고 있는 모습을 표현한 에드워드 키엔홀츠(Edward

공학자의 눈으로 본
독일 대학과 문화

Kienholz)의 〈The Portable War Memorial〉(1968), 도널드 저드 (Donald Judd)의 네모난 상자들로 구성한 〈Untitled〉(Eight Modular Unit) 등의 작품에서는 예술가들의 생각과 마음속에 품은 뜻을 쉽게 알 수는 없었으나, 예술 형식의 다양성을 추구하려는 예술가의 마음을 엿볼 수 있었다.

로버트 라우센버그의 〈Black Market〉

에드워드 키엔홀츠의
〈The Portable War Memorial〉

도널드 저드의
〈Untitled〉

키르히너의 〈길 위의 다섯 여자〉

루드비히 미술관에는 이러한 추상적이며 개념적인 작품 외에도 막스 리베르만(Max Liebermann)의 〈자화상〉, 슈테판 로흐너(Stefan Lochner)의 〈장미 덩굴의 성모마리아〉, 마르텐 반 헴스케르커 (Marten van Heemskerk)의 〈그리스도 죽음의 통곡〉, 키르히너(Ernst Ludwig Kirchner)의 표현주의 작품인 〈길 위의 다섯 여자〉 등과 같은 작품들도 함께 전시되어 있다.

작가가 어떤 생각을 가지고 화폭이나 작품에 자신의 생각을 옮겼는지 모른다. 그렇지만 바라보는 여러 사람들의 발길을 멈추게 하며, 마음을 움직인다. 작가들과 마음이 통한다고 할 수 있다. 이것이 창작물인 예술품이 가진 힘일 것이다. 멀리에서도 작품을 보러 오게 하는 힘이 있으며, 함께 느낄 수 있게 하는 힘이 있다.

공학자의 눈으로 본
독일 대학과 문화

앤디 워홀의 〈브릴로 박스〉

 크고 작은 캔버스에 아름다운 물감만의 향연이 아니라 예술가의 혼이 녹아 있는 것이다. 그 혼을 마주 대하는 사람들은 감격하고 감동을 받는다. 예술품에는 좋고 나쁨이 없다. 그 작품이 마주하는 사람들에게 자신만의 느낌을 얼마나 잘 전해주는가에 달려있다.

 화려한 색채의 미술작품들 중 개념 미술의 여러 작품을 보았다. 미국의 팝아티스트 앤디 워홀(Andy Warhol)의 작품인 〈브릴로 박스(Brillo Boxes)〉처럼 세제 가루가 들었던 상자 몇 개를 포개 놓은 것도 있다. 문 뒤에 사람의 사진 한 장 붙여둔 것도 작품이고, 비행기가 활주로에 들어서는 사진도 작품이고, 출입문 하나를 바닥에 세워둔 것도 작품이고, 작은 탁자 위에 세 개의 접시를 올려둔 것도 작품이고, 오래전에 사용하던 화로 판을 모서리에 세워둔 것도 작품이고, 그림의 일부를 소방 호스와 연결한 것도 작품이고, 자전거 바퀴 하나 세워둔 것도 작품이고, 크고 작은 종이 박스들을 벽에 고정해 둔 것도 작품이었다.

일반 사람들이 보면 작가들의 정신세계를 정확하게 이해할 수는 없을 것 같았으며, 단지 보면서 자기 스스로 마음에서 우러나오는 감정의 소리를 들으면 될 것 같았다.

예술품은 보는 사람들에게 밝은 느낌을 줄 수도 있고, 슬픈 느낌을 줄 수도 있으며, 새로운 꿈을 꿀 수 있게도 한다. 작품 속에 녹아 있는 살아서 움직이는 작가의 생각과 사상, 그리고 혼을 함께 가져간다.

박물관에 들어가기 위해 줄을 서 있는 관람객들 얼굴에서 무언가 기대하는 눈빛을 본다. 작가의 정신세계에 자신을 던지고 싶은 마음을 가진 듯하다. 밝은 미소와 즐거운 표정들에서 줄을 서 있는 사람들의 마음을 읽어본다.

작품 앞에 서 있는 사람들 모습도 다양하다. 뚫어지게 바라보는 사람, 고개를 갸우뚱하며 쳐다보는 사람, 눈을 지그시 감고 작품을 감상하는 사람들이 있다. 어느 자세 어떤 모습이라도 좋다. 미술가의 작품 세계로 빠져보고자 하는 마음은 모두 같다. 자세가 중요하지 않다. 그냥 그 작품 속에서 자신의 느낌을 찾기 위해 몸부림치는 '우리'를 본다.

좋은 작품, 보관하고 싶은 작품들 모두가 작가들의 정신세계에서 나온 역작들임에 틀림이 없을 것이다. 어떤 기준에 의해 이 미술관에 보관해두었을까? 어떤 절차로 어떤 기준에 의해 이렇게

공학자의 눈으로 본
독일 대학과 문화

많은 작품들이 여기에 와 있는지는 덜 중요하다. 분명한 것은 각 작품마다 작가의 혼이 실려 있는 작품일 것이다. 전시된 작품을 통해, 사물을 바라보는 자유롭고 다양한 시각을 가진 작가 정신을 읽을 수 있다. 우리는 작가의 혼이 실린 작품 속에서 자유로운 작가의 정신세계로 나아갈 수 있을 것이다.

미술품 속에서 작가가 작품을 만들 때의 자유로운 손놀림을 마음속으로 그려본다. 그 손놀림 전에 고뇌에 찬 시간들이 있었을 것이다. 고뇌에 찬 시간이 없었다면 이와 같은 걸작이 나올 수 없을 것이다. 길거나 짧은 작가의 고뇌 속에서 가슴속에 떠오른 생각을 놓치지 않으려고 스케치하며, 그 속에 혼을 어떻게 불어넣을지를 고민했으리라. 작가의 고뇌와 우리의 감동이 한곳에 어우러질 수 있다면, 우리의 정신세계도 작가와 함께 높은 곳으로 나아갈 수 있겠다.

한 작품 한 작품 모두 작가의 고뇌에 찬 과정을 거쳐 우리들의 마음에 와 닿을 수 있는 감동을 전해주는 것이다. 우리들에게 정신적인 감동을 주는 작가가 귀하고 귀하다. 고맙고 고마울 뿐이다. 작가의 정신적인 활동이 없었다면 우리는 사막과 같은 삭막한 곳에서 그냥 일상생활을 하고 있을 것이라는 생각에서, 이런 미술 작품을 우리들에게 보여주는 것에 무한한 감사를 보낸다.

독일의 어느 도시를 가든지 많은 동상을 쉽게 볼 수 있다. 사람이나 동물의 형상을 본뜬 동상은 무엇인가를 기억하기 위해, 혹은 시민들에게 즐거움을 주기 위해 만들어진다고 본다. 이러한 동상들은 보통 사람들의 왕래가 빈번한 곳에 세워진다.

아헨 시청 부근에서 볼 수 있는 모형은 고정된 동상이 아니라 여러 가지 동물(너구리, 닭, 말 등)들과 사람의 모습, 가면들이 움직이도록 만들어져 있어 어린아이들의 호기심을 불러일으킨다. 조각물 밑에는 물이 함께 흐를 수 있도록 만들어 여름철에는 어른들에게나 어린아이들에게 '놀이 기구'로서도 한몫을 한다.

아헨 대학교 중앙도서관 앞에 세워진 동상은 여러 학생들이 모여 이야기하는 모습이다. 대학에서 여러 학생들이 수업이나 세미나에 대해서 서로의 의견을 나누는 시간을 표현한 듯하다. 동상이 세워져 있는 위치와 모습에서 동상의 의미를 찾아본다. 사람과의 소통을 강조한 동상은 대학생들에게 서로의 생각을 나누는 사회를 만들기를 희망하는 메시지를 보내고 있다.

1810년에 세워진 베를린에 있는 훔볼트 대학(Humbolt-Universität zu Berlin) 본관 건물 앞에는 독일의 생리학자이자 철학자이며 물

아헨 시청 부근의 움직이는 동상

아헨 대학교 중앙도서관 앞에 세워진 동상

리학자인 헬름홀츠(Hermann Ludwig Ferdinand von Helmholz) 교수의 동상이 세워져 있다. 헬름홀츠 교수는 생리음향학, 열역학 이론, 전기역학 및 유체역학에 많은 연구 업적을 남겼다.

어떤 동상은 그 마을에서 일어났던 사건이나 동화를 소재로 만들기도 하며, 대학에서는 높은 연구 업적을 이룬 실제 사람들을 소재로 동상을 세운다. 이야기 속에 나오는 소재로 만들어진 동상 앞에서는 저절로 웃음이 나올 때도 있고, 이야기 속의 주인공과 만나는 기회를 갖기도 하며, 실제 살았던 사람들의 동상 앞을 지나갈 때에는 그 사람을 기리는 마음이 생길 수 있도록 하는 기능이 있는 것 같다.

우리나라에도 곳곳에 많은 동상들이 있다. 역사적인 인물들을 중심으로 세워진 동상들이 대부분이다. 서울 세종로에 높이 세워진 이순신 장군 동상이나, 부산의 양정에 세워져 있는 송상현 동상을 생각해보면, 심청전에 나오는 심청이를 대상으로 하거나 흥부와 놀부전에 나오는 인물들을 중심으로 재미나는 동상을 만들어보는 것도 시민들에게 즐거움을 줄 것 같다.

더 나아가 우리 대학 내에서 대학을 빛낸 유명한 교수의 동상들도 쉽게 볼 수 있는 날이 오기를 기대해본다. 부산대학교에는 얼마 전에 대학에 많은 기부금을 낸 송금조 선생님의 동상이 본부 건물 옆에 세워졌지만, 아직까지 대학을 빛낸 교수들의 동상은 없다. 오랜 역사가 흘렀음에도 불구하고 아직도 대학을 빛낸 교수의 동상이 없는 것은 안타까운 일이다. 대학을 빛낸 교수들의 동상이 교내 곳곳에 서 있다면, 대학생들에게 이것이 미래의 자신의 모습이 될 수도 있음을 자연스럽게 보여주는 것이다. 이를

베를린 훔볼트 대학 본관에 세워진 헬름홀츠 교수의 동상

통해 대학생들에게 자신이 다니고 있는 대학에 대해 자긍심을 심어줄 수 있을 것이다.

대학에 유명한 교수의 동상을 세우는 것은 그 교수를 닮고 싶은 마음, 그 교수와 닮아가기를 바라는 마음이 있기 때문일 것이다.

독일의 남부 도시인 슈투트가르트(Stuttgart)에서 인간을
중심으로 설계된 지하철역을 만났던 것은 행복한 경험이었다. 메
르체데스 벤츠 회사와 박물관이 있는 네카르파크(Neckarpark) 역
에서 포르쉐 자동차 회사와 박물관이 있는 노이비르츠하우스
(Neuwirtshaus) 역까지 가기 위해서는, 아래 지도에서 녹색 선인 S1
의 지하철을 타서, 중앙역(아래 지도 한가운데 역, Hauptbahnhof)에 내
려야 했다. 여기서 포르쉐 자동차 회사로 가기 위해서는 갈색 선
인 S6나 쑥색 선인 S60을 갈아타야 했다.[18]

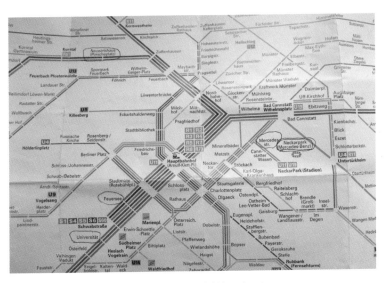

슈투트가르트의 지하철 노선도

플랫폼 가운데 세워진 기둥에 붙어 있던 지하철 환승 안내판. 필자가 내렸던 곳은 101번 플랫폼이며, 타고 가야 할 지하철이 들어오는 플랫폼은 102번이라 먼 곳까지 갈 필요가 없었다.

지하철을 바꾸어 타기 위해서는 타고자 하는 지하철 노선이 지나는 플랫폼으로 이동을 해야 하는 것이 우리의 상식으로 되어 있었기에, 지하철을 내려서 바꾸어 타는 곳으로 구별되어 있는 색깔을 따라 움직여야지 하는 생각을 했다.

보통의 경우, 가고자 하는 색깔을 따라 다른 플랫폼을 찾아가야 한다. 가는 길에 계단이 있을 수도 있고, 에스컬레이터나 엘리베이터도 있을 수 있다. 중앙역에 내린 순간, 필자가 타야 할 지하철은 내린 플랫폼 반대쪽으로 6~7미터 정도만 이동하면 된다는 것을 알았을 때 정신이 번쩍 들었다. 여기에서는 멀리 있는 플랫

공학자의 눈으로 본
독일 대학과 문화

폼을 찾아가는 번거로움이 없었다. 이것이 진정 '사람을 위한 지하철역'의 설계라 생각되었다. 잠시 기다리니 포르쉐 자동차 회사로 가는 지하철을 탈 수 있었다.

슈투트가르트 시내를 흐르는 6개의 지하철 노선(S1, S2, S3, S4, S5, S6)들이 하나의 플랫폼으로 들어오게 되어 있으며, 환승하는 승객들은 각기 다른 노선의 지하철이 들어오면 그것을 타고 자신이 가고자 하는 곳으로 갈 수 있었다. 각 노선의 지하철은 이 중앙 지하철역을 벗어나면서 정해진 노선을 따라 가는 것이다. 정말 설계가 잘된 인간 중심적인 지하철역이라는 생각이 들었다.

지하철역이 세워질 때 모든 노선의 설계가 완성이 안 된 경우도 있을 것이고, 혹은 추가로 새로 건설된 노선도 있을 것이기에 슈투트가르트 중앙역과 같이 한꺼번에 설계가 이루어지기는 쉽지 않을 것이다. 그러나 독일에는 류마티스 관절염 환자들이 많고, 노인 인구가 많다. 이런 사람들이 지하에서 계단을 오르내리거나 엘리베이터나 에스컬레이터를 타는 곳까지 가는 것도 힘들어하는 것을 알고, 시에서 지하철 역사와 노선을 설계할 때 이미 이러한 사실들이 고려되었음을 보여주는 것이다.

우리나라는 어떠한가? 부산이나 서울에 건설된 많은 환승역에서는 긴 거리를 걸어가야 하거나 에스컬레이터를 타고 나서 가고자 하는 지하철의 노선 색을 찾아서 플랫폼으로 가야 한다. 예를 들어 부산대역에서 해운대로 지하철을 타고 갈 경우, 부산대역에서 1호선을 타고 연산역에서 내려, 수영 방향으로 가는 3호선을 갈아타기 위해 에스컬레이터를 타고 2개 층 정도 되는 거리를 내려가고 나서 3호선의 지하철이 들어오는 플랫폼까지 걸어가야 한다. 이 거리를 무릎이 안 좋은 할머니나 휠체어를 타고 가는 사람들이 갈 경우 매우 불편함을 느낄 것이다.

슈투트가르트 중앙역에서 본 아주 간단한 지하철 플랫폼 하나가 필자의 마음에 와 닿았던 이유는, 대중을 위한 시설을 세울 때에는 '인간을 중심에 두고' 설계를 하고 건설해야 된다는 것을 보았기 때문이다. 이것은 작은 것 하나에서도 인간의 생활에서 오는 불편함을 덜어주려고 하는 기본 개념을 설정했으며, 이러한 개념 설정이 모든 사람들을 위한 복지 사회를 이루는 지름길임을 알았다.

대학에서도 모든 학문에 대한 교육과 연구의 중심에 인간을 두고 이루어져야 할 것이며, 대학에서 학생들을 가르칠 때에도 인간을 중심으로 하는 교육이 됨으로써 보다 따뜻한 사회와 국가가 될 것임을 믿어 의심치 않는다.

공학자의 눈으로 본
독일 대학과 문화

힘찬 라인 강물을 보며

　　라인 강의 강물은 소리 없이 흐르다가, 또 한편으로는 큰 소리치며 흐르는 것 같다. 몇 년 전이나 지금이나 꿈틀거리며 살아서 움직이는 생물같이 힘차게 흐른다. 우리나라의 강은 대체로 소리 없이 조용히 흐르는 것에 비하면, 라인 강은 빠르게 물이 흘러간다.

　여기 흐르는 라인 강물은 어디서 온 것일까? 어디를 들렀다가 여기까지 온 것일까? 라인 강은 독일 남쪽에 있는 알프스 산에서 출발하여 1,230여 킬로미터를 흘러 독일 전 국토를 거쳐 북해로 들어가는데, 크게 상류(Oberrhein), 중류(Mittelrhein), 하류(Niederrhein) 3개의 구간으로 나눈다. 중류 지역에 쾰른, 뒤셀도르프, 뒤스부르크 등의 공업 도시가 있다. 이 강을 이용하여 네덜란드의 로테르담에서부터 독일의 쾰른까지 수로를 통한 물동량이 매우 많다.

　강물이 흐르는 것을 보면 우리 몸속에 흐르는 핏줄과 같이 느껴진다. 몸의 여러 곳을 돌면서 새로운 피가 필요한 곳에 새 피를 공급하고, 쓰다가 남은 피나 몸속의 노폐물을 모두 모아 한 곳으로 흘려보내는 것 같다.

　쾰른 대성당으로 들어가는 기찻길을 머리에 인 라인 강의 강물은, 먼 곳에서 와서 그런지 흐린 색으로 유유히 흐르는 모습이 우리 삶의 모든 것을 담아서 흐르는 것 같다.

쾰른 대성당 주위를 흐르는 라인 강의 모습. 강변에서 사람들이 자전거를 타고 있다.

아무리 넓은 강이라도 수량이 적으면 흐르다가 그 맥이 끊어진다. 강의 가장자리는 잡초에게 내어주고 하상이 드러나게 된다. 힘차게 흐르는 라인 강을 보니 강물의 양이 충분한 것 같다. 흐르는 강은 생명이 함께 살아서 숨 쉬는 것 같다.

라인 강의 기적을 이 강에서 느껴본다. 강변을 따라 곳곳에 아름다운 집들이 많다. 2차 세계대전이 끝난 후 라인 강의 기적을 이룰 수 있었던 것은, 그렇게 풍부하지는 않지만 매장된 지하자원과 라인 강물이 성실한 독일 국민을 만나 이루어진 결과일 것이다. 아무리 지하자원이 많고 강에 흐르는 물이 풍부하다 하더라도, 그 자원들을 이용하여 우리에게 필요한 것을 만들려고 하는 인간의 의지가 없었다면 결코 이룰 수 없는 기적이었을 것이다. 우리가 부르는 라인 강의 기적이란 그저 하늘에서 떨어진 것이 아니라, 독일 국민들의 끊임없는 노력으로 이루어진 결과라는 것을 잊어서는 안 될 것이다.

이렇게 힘차게 흐르는 강물은 약간 흐리기는 하지만 기름띠나 녹조류가 보이지 않는다. 여러 도시들을 거치는 동안 유입될 수 있는 생활 쓰레기, 농작물 찌꺼기, 축산폐기물 등등 많은 오물과 쓰레기들은 어디로 갔을까? 라인 강을 어떻게 관리하기에 그런 쓰레기들은 보이지 않는 것일까?

인간의 핏줄도 스스로 관리가 잘 안 되면 동맥경화나 심근경색으로 목숨을 잃는 경우가 있는데, 이렇게 큰 강을 어떤 시스템으로 관리하는 것일까? 라인 강 스스로 어떤 자정 시스템을 갖추고 있는 것일까? 이렇게 힘차게 살아서 움직이는 강에는 분명 자신만이 갖는 자정 시스템이 작동되고 있을 것이다. 다만 우리 인간들이 모를 뿐이다. 자연은 스스로 통제되고 다스려지고 있을지도 모른다. 우리 인간이 자연을 보면 무질서하고 잘 통제되지 않는 것 같아 보여 무엇이든 자연에 반하는 시스템을 적용시키려고 하지만, 자연은 스스로 알아서 잘하고 있을 것 같다.

우리나라에서는 4대강 사업으로 흘러야 할 여러 강물이 고여 이상한 생물들이 자라고, 녹조가 생기고, 이끼가 끼어 강들이 죽어간다고 하는데, 오염되지 않은 큰 강이 이렇게 힘차게 흐른다는 것이 참 보기에 좋다.

라인 강을 바라보고 살고 있는 사람들과 국가에서는 누가 흐르는 강에게 해를 끼치는지를 감시하고 해를 끼치는 사람이나 국가에는 그에 상응하는 배상을 하게 하여 강을 살리고 있는 것이다. 그래서 아직도 살아 있는 강이 되게 했던 것이다. 적어도 라인 강은 싱싱하며, 살아서 꿈틀거리며 흐르고 있다.

간혹 라인 강도 홍수로 범람하여 강 주변에 사는 사람들에게 많은 피해를 준다. 물이 강을 넘어 집으로 들어오고, 길을 가라앉

흐르는 라인 강 위에 떠 있는 유람선

베를린 시내에는 1887년부터 활동을 하기 시작한 베를린 필하모니 오케스트라(Berliner Philharmonisches Orchestra, 현재 정식 명칭은 Berliner Philhaniker)가 있다. 독일뿐만 아니라 세계 최고의 클래식 관현악단 중 하나다. 특히, 가장 유명했던 지휘자 중 한 사람인 헤르베르트 폰 카라얀(Herbert von Karajan)은 이곳에서 1955년부터 1989년까지 35년간 상임지휘를 맡았다. 독일 건물들의 특징 중에 하나인지는 모르지만, 공연장의 외형이나 입구의 모습은 그렇게 뛰어난 형태가 아니어도 내부는 세계의 많은 오케스트라 공연장의 모범이 될 수 있을 정도의 규모를 자랑하고 있다.

베를린 필하모니 옆에 위치한 건물이 눈에 들어왔다. 큰 간판이 없었기에 처음에는 어떤 용도의 건물인지 잘 알 수 없었지만 가까이 가서 보니 악기 박물관이었다. 우연히 베를린 악기박물관(Musikinstrumenten-Museum Berlin, Berlin Musical Instrument Museum)을 보게 된 것이다. 1888년에 세워진 베를린 악기 박물관에는 16세기부터 만들어진 3,000가지 이상의 악기들을 모아놓고 있으며, 독일에서 가장 큰 악기 박물관이다.[19]

독일에도 여러 도시에 다양한 박물관이 있는데, 뉘른베르크(Nürnberg)에 있는 장난감 박물관(Toy Museum)과 철도 박물관(DB Museum), 베를린의 박물관 섬에 있는 1876년에 세워진 구 박

베를린 시내에 있는 베를린 필하모니

베를린 시내에 있는 악기 박물관 입구

물관(Altes Museum), 신 박물관(Neues Museum), 보데 박물관(Bode Museum)과 페르가몬 박물관(Pergamon Museum), 쾰른(Cologne) 시에 위치하며 초현대주의 미술품이 있는 루드비히 박물관(Museum Ludwig)과 발라프 리하르츠 미술관(Wallaf-Richart-Museum), 슈투트가르트 시에 있는 벤츠 박물관(Benz Museum)과 포르쉐 박물관(Porsche Museum) 등이다. 하이델베르크 시에는 하이델베르크대학교 박물관 등이 있다.

베를린 악기 박물관에는 여러 종류의 건반 악기, 현악기, 관악기, 전자 오르간 등 오래전에 만들어진 매우 다양한 악기들이 진열되어 있다.

악기 박물관의 역할은 오래된 악기들을 발굴하고, 일부 파손이 되었을 경우 원형에 가깝게 복원하며, 악기에 대한 연구를 병행하는 것이다. 그리고 이곳에서는 클래식, 재즈 및 고전 음악이 자주 공연된다.

악기 박물관에는 건반 악기들의 내부 구조가 어떻게 되어 있는지, 악기에서 어떻게 아름다운 소리가 나는지, 예를 들어 일반적으로 황동이나 청동 떨림판으로 만드는 하모니카 대신에 유리로 만들어진 하모니카(Glass harmonica)는 어떻게 해서 소리가 나는지, 음악가들이 휴대하고 다니기에 좋은 악기들은 어떤 구조를 하고 있는지 등을 실제로 보여주고 있다. 박물관에 진열되어 있는 것 모두가 음악을 사랑했던 많은 사람들이 노력한 결과들이다.

악기 박물관이라는 곳이 그냥 오래된 여러 가지 악기들을 진열하는 것이 아니라, 음악을 사랑하는 사람들이나 앞으로 음악을 사랑하게 될 어린 학생들에게 악보에 따라 악기를 거쳐 나오는 아름다운 소리에 대한 '꿈을 심어주는 곳'이었다.

국민들의 입장에서
더 많이 편리하게
이용할 수 있도록
설계하고 만드는
것이 국가 정책의
최우선이 되고
있음을 볼 수 있다.

3부

독일의
자동차 문화

독일에 갈 때마다 벤츠 박물관과 포르쉐 박물관을 한번
은 꼭 가보아야겠다는 생각을 했다. 삼각별 모양의 로고를 사용
하는 자동차의 역사로 인식되는 벤츠 자동차는 독일을 대표하는
자동차이며, 포르쉐는 빠르게 달리는 자동차의 대명사이기에 자
동차를 운전하는 사람들은 누구나 한 번쯤 몰아보고 싶기 때문이
다. 이 두 자동차 회사는 자동차의 생산 대수로는 비교할 수 없는
메이커이지만, 두 회사 모두 독일을 대표하는 자동차 회사임에는
틀림이 없다.

독일의 많은 도시에서는 택시로 벤츠 승용차를 사용하고 있는
데, 어느 도시든 중앙역을 나서면 택시 승강장에 줄지어 서 있는
벤츠 자동차를 쉽게 볼 수 있다. 벤츠 회사의 노력도 있었겠지만,
독일 국민들의 마음속에 벤츠에 대한 자긍심이 상당히 깊은 듯하
다. 이것은 오랜 세월 동안 기술개발에 매진한 벤츠 회사에 대한
독일 국민들의 보답일 것이다.

독일 슈투트가르트에 있는 벤츠 자동차 본사의 입구 오른쪽에
벤츠 자동차 박물관(Mercedes-Benz Museum)이 있다. 박물관의 외관
은 자동차의 부드러운 곡면과 빛나는 은빛을 형상화한 것 같았으
며, 미래로 나아가는 한 대의 자동차 같은 모습이다. 기업체의 박
물관들은 소비자에게나 찾아오는 방문객들에게 미래를 향해 나

슈투트가르트 시에 있는 메르체데스 벤츠 자동차 박물관

벤츠 박물관 앞에 있는 벤츠 W194R의 동상

아가는 기업의 역동성과 새로운 제품의 이미지를 전달하고 있는 듯하다.

박물관에 들어가기 전 건물 앞에는 1954년에 생산된 Mercedes Benz W194R의 동상이 있는데, 이 모델의 자동차로 1951, 1954, 1955, 1956, 1957년 다섯 번 포뮬러 원(Formula one, F1)에서 우승한 것을 기념하고 있으며, 이곳을 찾아오는 손님을 맞이하고 있다. 60년 전에 만들어졌던 자동차가 벤츠가 자랑하는 모델이 되고 있는 것이다. 이 작은 자동차 동상 하나가 자동차 역사가 무엇인지를 잘 보여준다.

박물관 안에서 백 년 넘게 자동차를 생산해온 역사를 한눈에 볼 수 있었으며, 한쪽 공간에서는 고객을 상대로 자동차 및 자동차 부품에 대해 주문을 받고 팔기도 했다.

벤츠 자동차 회사에서 고객들에 대한 홍보를 위해 가장 많이 사용하고 있는 단어가 무엇인지 궁금했다. 이 회사의 최고 경영자에서부터 자동차를 설계하고 제작하는 작업자까지 모두가 공감하는 단어들은 자동차의 경제성, 환경성, 안전성이었다. 이 세 단어들을 위해 많은 사람들이 연구실에서 노력을 하고 있으며, 새로운 기술과 친환경성을 높이기 위해 많은 연구비를 투입하고 있는 것이다. 그냥 가만히 안주하는 회사가 아니라 끝없이 연구하는 회사인 것이다.

그곳에서 얼마 떨어져 있지 않는 포르쉐 자동차 회사의 박물관(Porsche Museum)에도 가보았다. 포르쉐 자동차는 1931년 포르쉐 박사가 창설한 회사이며, 고급 스포츠카 제조 회사이다. 포르쉐 박물관의 형태는 벤츠 박물관과 사뭇 달랐다. 평범하지 않은 건

슈투트가르트 시에 있는 포르쉐 박물관

2003년에 만들어진 5,733입방센티미터(ccm)의 배기량을 가진 포르쉐 카레라(Porsche Carrera) GT. 612마력이며, 시속 330킬로미터로 달릴 수 있었다고 표기되어 있다. 포르쉐 자동차의 모든 기술자들이 열심히 연구한 결과라 생각되었다.

물의 구조 형태부터 사람의 마음을 들뜨게 했다. 밑에서 쳐다보면 대양을 향해 힘차게 나아가는 한 마리 거대한 흰색의 고래 밑에 와 있는 느낌이다. 박물관 바로 옆 건물에서는 포르쉐들이 숙달된 작업자의 손에 의해 정성스럽게 만들어지고 있을 자동차 생산 공장이 있었다.

포르쉐 박물관 안에서도 진열되어 있는 구형의 포르쉐 자동차에서 포르쉐가 추구했던 '빠르게 달리는' 자동차를 만들겠다는 의지를 느낄 수 있었다. 포르쉐 자동차의 빼어난 외형을 위해 많은 디자이너들이 노력하고 있으며, 자동차의 기능 향상을 위해 많

공학자의 눈으로 본
독일 대학과 문화

은 엔지니어들이 끊임없는 연구를 하고 있다.

두 자동차 회사의 박물관을 보고 나오면서 우리나라 자동차 메이커들의 역할을 생각해보았다. 앞으로 새로운 자동차 기술을 확보하기 위해서 대학과 기업체가 공동으로 연구하며 나아가야겠다는 생각이 들었다. 고급 기술은 하루아침에 이루어지는 것이 아니므로, 현장 기술자들의 노하우와 새로운 기술 개발을 위해 연구하는 연구소 및 대학의 교수들이 함께 머리를 맞대고 노력을 한다면 그 답을 찾을 수 있을 것이다.

자동차에 필요한 것은 하나의 기술이 아니라 복합된 학문의 결정체이다. 새로운 디자인이 필요할 뿐만 아니라, 빠르면서도 운전자의 안전을 높일 수 있는 기술이 무엇인지, 자동차를 사용할 때 에너지를 적게 쓰는 방법이 무엇인지, 자동차에 사용되는 가볍고 튼튼한 신소재가 무엇인지, 배기된 가스 중 자연 환경에 유해한 물질을 줄이는 기술이 무엇인지 연구하는 것이 자동차 기술이 추구하는 주요 목표라 생각한다.

인간의 생활에 가장 필요한 것이 자동차라 할 수 있다. 우리 삶의 질을 한층 높여주는 것이 자동차라 한다면, 성능이 뛰어난 자동차를 만들기 위해 끊임없이 노력하는 것도 매우 가치 있는 일임에는 틀림이 없다.

아우토반

독일로 출장을 갈 때에는 보통 자동차 렌트를 한다. 기차를 이용하면 요금이 비싼 편이고 기다리는 시간도 필요하다. 한 번에 바로 가는 경우도 있지만, 중간중간에 바꾸어 타야 하는 불편함도 있다. 독일의 자동차 렌트 회사에서는 보통 자동 변속기 차량보다 수동 변속기 차량을 많이 보유하고 있다. 수동으로 변속되는 차량은 자동 변속기 차량보다 휘발유나 디젤유를 약 15% 절감할 수 있을 뿐 아니라, 신호등에 서 있다가 출발해서 앞으로 나가는 시간이 짧아서 좋다.

독일은 그렇게 큰 나라가 아니지만 고속도로인 아우토반(Autobahn, Auto: 자동차, Bahn: 도로)이 나라 전체에 그물같이 깔려 있다.

세계 최초의 고속도로인 아우토반은 1929년에 만들어졌다. 이때 만들어진 아우토반은 독일의 실업자 수를 줄이는 데 많은 공헌을 했으며, 이것을 본 다른 나라에서는 고속도로를 건설하기 시작했다. 독일에서 건설하기 시작한 아우토반은 곳곳에서 비행기의 활주로로도 이용이 가능하게 했다. 고속도로가 되기 위해서는 반드시 주행선과 추월선이 함께 있어야 하며, 신호등에 의해 제어를 받지 않으며, 교차하는 도로는 반드시 입체적으로 만들어야 하며, 중앙 분리대가 있어야 한다. 자동차가 빨리 달릴 수 있도

160　　　　　　　　　　　　　　　　　　공학자의 눈으로 본
독일 대학과 문화

록 한 아우토반은 독일을 자동차 대국으로 만드는 데 일조를 했다고 본다.

독일의 아우토반에서는 속도 무제한 구간이 있고, 도시 주변을 흐르는 아우토반에서나 작업 구간을 지날 때에는 속도 제한이 있다. 속도 무제한인 구간에서는 시속 130킬로미터 이상 달려도 된다는 표지가 서 있다. 자동차가 이 속도 이상으로 달릴 경우 그렇지 않을 경우보다 일산화탄소 배출이 많아 고속도로 주변의 초목들이 말라서 죽는 경우가 많다. 이를 보고 환경론자들이 독일 내 아우토반에서도 속도 제한을 해야 한다고 주장하기도 한다. 그렇지만 아직도 속도 무제한을 유지하고 있는 이유는, 자동차 회사들의 로비도 있겠지만, 필자의 생각으로는 자동차 메이커와 대학에서 자동차 성능에 대한 끝없는 연구 개발을 할 수 있도록 유도해서 여러 가지 새로운 신기술로 무장된 세계 자동차 시장을 이끌고 가겠다는 생각이 있는 듯하다.

지구 상에 있는 많은 나라 가운데 고속도로에서 속도 제한이 없는 나라는 독일 외에 또 어디일까? 고속도로에서 속도 제한이 없는 나라는 그렇게 많지 않을 것이다. 우리나라에서는 고속도로의 제한 속도가 시속 100킬로미터 혹은 110킬로미터이다. 미국에서는 시속 55마일(88 킬로미터)에서 70마일(113킬로미터) 정도 되며, 프랑스의 고속도로 제한 속도는 시속 130킬로미터이다.

독일의 아우토반에서 자동차가 잘 달릴 수 있게 된 것은 자동차의 성능이 좋기 때문이기도 하겠지만, 도로를 잘 만들었기 때문이기도 하다. 아우토반은 주로 콘크리트로 만들어져 있으며, 아스팔트 고속도로보다 건설비가 오히려 더 많이 든다고 한다. 콘크리트로 만드는 이유는 자동차 타이어와의 마찰력을 높여 바퀴의 미끄러짐을 막아 사고율을 줄이고자 한 것이다. 콘크리트로 포장된 아우토반은 아스팔트로 포장된 길 위를 달리는 것보다 승차감이 좋지 않고, 소음도 많이 나고, 타이어 마모도 많다. 그럼에도 불구하고 콘크리트 아우토반을 만드는 데서 자동차에 타고 있는 승객들의 안전을 우선으로 하는 모습을 본다.

아우토반을 달릴 때 늘 부럽게 생각되는 것이 하나 있다. 주행선에 있는 많은 자동차들은 줄을 서서 달리고 있는 반면, 추월선에는 자동차들이 그렇게 많지 않다. 자신의 차보다 속도가 빠른 자동차를 위해 비워두기 때문이다. 다른 차를 추월하고 나서 곧장 주행선으로 돌아오는 모습에서 서로의 안전과 남을 위해 배려하는 마음을 엿볼 수 있다.

한편으로는 아우토반에서 무제한의 속도로 달릴 때 인간의 불안감을 불식시키는 이성적인 제어기능이 과연 어느 정도인가를 생각하며, 자동차와 아우토반의 미래에 대한 가능성을 짐작해볼 수 있었다.

이런 사실들을 생각하며 우리나라의 고속도로를 생각해보았다. 우리나라 고속도로가 독일의 아우토반과 같은 체계로 운영되기는 쉽지 않을 것이다. 고속도로에서 흔히 보는 현상으로, 화물을 많이 실은 속도가 느린 차량이나 운전을 시작한 지 얼마 안 되는 초보운전자의 차량들이 줄곧 추월 차선에 있는 경우가 있다. 추월을 하고 난 차량들이 다시 주행차선으로 들어가는 경우도 그렇게 흔하지 않다. 그리고 고속도로이지만 곡선 형태의 도로가 많아 속도 제한을 두지 않을 경우 사고가 발생할 확률이 높다. 고속도로 설계 규정에 따라 건설되었겠지만, 우리나라 고속도로 폭이 독일이나 미국의 고속도로 폭에 비해 상대적으로 좁은 느낌이 들었다.

자동차가 안전하게 곡선의 아우토반에서 빨리 달릴 수 있는 것도 원심력에 저항할 수 있도록 회전중심으로부터 바깥쪽을 높여주는 편경사 각도의 결정이 잘 되어 있기 때문일 것이다. 고속도로의 편경사 각도를 결정할 때에는 주행의 안정성, 적설 및 결빙 등의 기상 상태, 저속 주행 차량의 빈번도, 시공 및 유지 보수성 등을 함께 고려해야 한다.

아직까지 독일에서 아우토반 이용료는 없으나 아우토반의 상태를 유지하기 위해, 그리고 환경보호 목적으로 독일 정부는 오래 전부터 유료화를 검토하고 있다. 지리적으로 유럽의 한가운데에 위치한 독일은 많은 자동차들이 아우토반을 통해 물자 수송과 통행을 하고 있기에 도로의 파손 및 이를 수리하는 데 많은 경비가 소요되고 있는 실정이다. 독일 국민들이 낸 세금으로 건설된 아우토반이니 외국 차량이 지나갈 때 통행료를 받을 만도 한데, 아직도 받지 않는 것을 보면서 이상하다는 생각과 멋지다는 생각을 동시에 하게 된다.

시속 200킬로미터 이상의 속도로 달려도 자동차 안으로 전해져 오는 소음을 줄이고 운전자의 안전을 확보하기 위해 끝없이 연구하는 독일 자동차 메이커와 함께, 독일을 대표하는 것이 아마도 잘 만들어진 아우토반인 것 같다.

독일의 도시를 달리는 버스의 모양은 여러 가지다. 모양과 크기에는 약간씩 차이가 있지만 모두 시민이나 학생들의 발이 되어 시내를 달린다. 주말이나 휴일에는 배차 간격이 길어 불편한 때도 있지만, 개인 승용차가 없는 대부분의 대학생들에게는 매우 유용한 교통수단이다.

겨울에는 따뜻한 공기가 버스 안을 데워주며, 더운 여름에는 에어컨에서 나오는 시원한 공기가 땀을 식혀준다. 우리나라 시내버스와 별 차이는 없어 보인다. 초중고 학생들은 보통 살고 있는 집 부근에 학교들이 있어서 아침에 버스를 이용하는 경우는 드물고, 대학생들은 살고 있는 곳이 많이 달라서 버스를 이용하는 경우가 많다.

주차장에 도착한 버스는 사람들이 타기가 용이하게 승객이 서 있는 쪽으로 약간 기울어진다. 기울어지는 차량뿐만 아니라, 장애인이 버스에 오를 때에는 휠체어가 오를 수 있게 받침판이 추가로 나오는 차량도 있고, 장애인이 타고 있는 휠체어를 통째로 들어 올리는 시설이 설치된 차량도 있다. 버스 한가운데는 유모차나 휠체어를 세워둘 수 있는 빈 공간이 마련되어 있다.

독일같이 국민들의 평균 수명이 길어 노인이 많은 나라, 날씨가 안 좋아 생겨나는 류마치스 관절염 환자가 많은 나라에서, 교

두 대의 버스가 하나로 연결된 듯한 길이가 긴 버스인데, 곡선 도로를 돌 때 편리하도록 버스 중간에 어느 정도 회전이 가능하게 만들어져 있다. 버스 두 대 정도의 공간이 있어서 동시에 많은 승객들을 태울 수 있다. 아침 일찍 등교하는 대학생들에게는 다음 버스를 기다리는 시간을 줄여줄 수 있어서 많은 도움이 된다.

승객이 타고 내리기
편리한 독일 버스

통의 약자인 사람들에게는 버스의 기능이 중요하다. 즉, 이런 교통의 약자들이 버스를 타고 내릴 때 불편하지 않도록 만들어져야 한다.

버스가 다니는 길에서는 도로의 폭이 좁더라도 대체로 버스 정류장 공간을 따로 확보해두고 있다. 버스가 안전하게 주차하여 손님들이 타고 내리기에 불편함이 없도록 주정차 공간을 마련해둔 것이다. 독일에서 개인의 승용차에는 수동 변속기가 장착된 차량이 대부분이지만, 버스에는 승객의 안전을 위해 겨울철에 차량이 뒤로 미끄러지는 것을 방지하기 위해 자동 변속기를 장착해두었다.

대학생들을 위해서는 버스 요금 할인제도를 마련해서 제공하고 있다. 다른 한편으로는 버스를 탈 때 버스 요금을 내지 않을 경우, 타고 있는 버스의 최장 거리 요금의 40배를 내야 한다. 이런 무임 승객을 '마음이 검은 승객(Schwarzfahrer, schwarz: 검은, Fahrer: 타는 사람)'이라 한다. 학생들에게 할인 혜택을 주는 반면, 무임승차 시 높은 벌금을 내야 한다는 것을 실생활에서 가르치고 있는 것 같았다.

힘이 좋은 버스, 연료가 적게 들어가는 버스, CO_2와 같은 물질을 적게 배출하는 환경 친화적인 버스, 승객의 안전에 보다 신경 쓴 버스, 내구성이 뛰어나게 만들어진 버스 등을 연구하는 곳이 자동차 메이커와 함께 대학의 여러 연구실일 것이다. 독일에서 버스를 타본다든지 달리는 자동차를 보면, 세계 자동차 시장을 이끌고 가려는 부단한 노력을 엿볼 수 있다.

　　폭스바겐 비틀(Volkswagen Beetle)의 초기 모델은 2차 세계 대전 당시 히틀러(Adolf Hitler)의 명령에 의해서 1936년 포르쉐 박사(Dr.-Ing. h.c. F. Porsche)가 설계한 승용차이다. 2차 세계대전 당시에는 군용으로 생산되었다. 5인 가족이 탈 수 있으며, 값이 싸면서도 단순한 자동차를 설계하도록 했다. 비틀의 특징은 추운 겨울에도 차 안에 따뜻한 공기가 빨리 들어오게 공랭식 엔진을 사용했으며, 후륜구동 방식을 채택하고 엔진이 뒤쪽에 놓이게 해서 자동차 뒤쪽을 누르는 효과로 눈이 내린 언덕길을 잘 오를 수 있게 했다는 점이다.

　무당벌레같이 생겼다고 독일에서는 '케퍼(Käfer, 영어로는 Beetle)'라 불리는 이 자동차는 현재까지 지구상에서 생산된 많은 종류의 자동차 중에서 한 가지 이름으로 가장 많이 팔린 자동차 중의 하나다.

　이 자동차는 독일의 어느 도시에서나 쉽게 볼 수 있는 자동차 중 하나가 되었다. 자동차의 외형에서 이름을 따온 무당벌레차를 만드는 자동차 메이커는 폭스바겐(Volkswagen, Volk: 국민, Wagen: 자동차)이며, '국민자동차'라는 뜻이다.[20] 1967년 미국으로 수출되면서 비틀(Beetle)이라는 이름을 가지게 되었다. 지금도 옛 모델의 무당벌레차를 독일 시내의 도로에서 찾아보기가 그렇게 어렵지 않

폭스바겐의 구형 비틀. 이 차의 표지판이 S로 시작하는 것을 보면,
차량 등록지가 독일 슈투트가르트(Stuttgart)임을 알 수 있다.

다. 현재에는 신 모델의 무당벌레차가 개발되어 시내를 힘차게 달
리고 있다.

독일에서 차량 번호 첫 글자는 도시의 이름을 나타내며, 한 개
의 알파벳으로 되어 있는 경우는 도시의 크기가 크다는 것을 의
미한다. 예를 들어 인구 백만 명이 넘는 베를린(Berlin)의 경우
는 B로 시작하고, 뮌헨(München)의 경우는 M으로, 프랑크푸르
트(Frankfurt)는 F로 시작하며, 도시의 인구가 작은 경우 첫 글자
가 두 자리 혹은 세 자리로 되어 있다. 인구 25만 정도 되는 도시
인 아헨(Aachen)의 경우는 AC로, 폭스바겐 본사가 있는 인구 약
12만 명 정도 되는 볼프스부르크(Wolfsburg)에서는 WOB로 차량
번호를 시작한다. 예외인 지역이 하나 있는데, 인구 170만여 명

공학자의 눈으로 본
독일 대학과 문화

니더작센(Niedersachsen) 주의 볼프스부르크(Wolfsburg)에 있는
폭스바겐 본사 전경. 폭스바겐은 1937년에 세워졌다.

이 되는 함부르크(Hamburg) 시에서는 자동차 번호가 HH로 시작한다. 이것은 함부르크가 옛날부터 상업의 도시이며 무역의 도시임을 뜻하는 Hansestadt(die Hanse, 한자 동맹, 13~17세기 독일 북쪽과 발트 해 연안 상인들의 상호교류 협정)의 역사성을 유지하고자 해서 'Hansestadt Hamburg'의 첫 글자를 따와서 두 자리 글자로 차량의 번호판에 표시했다. 이것은 도시의 자존심을 나타낸 것이라 할 수 있다.

필자가 박사과정 동안 아헨 시에서 살 때, 12년 된 폭스바겐 비틀을 우리나라 돈으로 30만 원 정도 주고 사서 타고 다녔다. 내부는 좁았고 에어컨이 되지 않았으며, 고속도로에서 시속 110킬로미터 이상 달리는 것이 무리라 생각되어 대략 시속 90~100킬로미터로 달렸다. 짐을 실을 수 있는 곳은 자동차 보닛 아래에 있는 좁은 공간이다. 자동차 등록 번호가 AC DD50이었다. 비록 오래되고 내부 공간이 좁았지만, 필자의 가족에게는 유용한 자동차였다.

지금 독일의 도로 위에는 멋진 자동차가 수도 없이 많이 달리지만, 포르쉐 박사가 설계할 당시의 '국민자동차'는 고급 차를 몰 수 없는 일반 국민들을 위해 '국민들이 편하게 살 수 있도록 해야 한다'는 생각으로 설계되고 생산되었다고 생각하니 기분이 좋아진다. 오늘도 이 무당벌레같이 생긴 자동차는 약간 변형된 새로운 형태(New Beetle)로 다시 태어나 독일 국민들의 사랑을 받고 있다.

자동차 제조업체를 세울 때에도 국민들을 생각하고, 국민들은 그렇게 해서 탄생된 자동차를 끊임없이 사랑하며, 자동자 회사는 다시 많은 연구 노력을 하여 연료가 적게 들고 내구성이 뛰어난 성능이 좋은 후속 모델을 내어놓는 선순환 구조가 부럽게 느껴지는 이유는 무엇일까?

　　독일로 출장을 갈 때에 반드시 챙기는 것이 하나 있다. 혹시라도 자동차 렌트를 하게 될 때 필요한 자동차 운전면허증이다. 우리나라에서 다른 나라로 갈 경우에는 국제운전면허증을 받아 가야 하지만, 독일로 갈 경우 필자에게는 그럴 필요가 없다. 왜냐하면 유학 시절에 취득했던 자동차 운전면허증을 그대로 사용할 수 있기 때문이다.

　　지금은 독일의 자동차 면허 법규가 바뀌었는지 모르지만, 필자가 발급받은 운전면허증은 유효기간이 종신으로 되어 있다. 우리나라의 경우에는 어느 일정한 기간이 지나면 재발급을 받아야 하지만, 필자가 발급받은 독일 운전면허증은 중간에 새로 발급받는 일 없이 계속 사용이 가능하다.

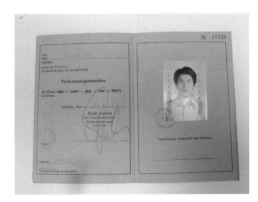

1983년 6월 21일 독일 아헨시에서 취득한 자동차 운전면허증이다. 안에 표기된 내용을 보면 자동차 운전면허증의 유효기간은 갱신할 필요가 없이 평생을 사용할 수 있다.

독일에서 운전 교습을 받았던 첫날의 기억이 떠오른다. 집 앞에 도착한 운전 교습용 차량을 보고 가까이 가니, 운전 교습 선생님이 운전석에 앉으라고 했다. 필자는 "한국에서 아직 한 번도 운전해본 적이 없다."고 했는데, 교습 선생님은 괜찮다고 하며 필자를 안심시켜주었다. 운전 교습 선생님 발 아래에도 운전석 밑에 있는 것과 같이 엑셀레이터 페달, 클러치 페달, 그리고 브레이크 페달이 설치되어 있었다. 독일 승용차에는 대부분 수동 변속기가 많이 장착되어 있어, 세 개의 페달이 있다. 필자는 첫 시간에 운전 교습 선생님 지시로 핸들만 잡고 돌렸으며, 교습 선생님이 알아서 기어를 변속해주었고 브레이크도 잡아주었다. 독일에서는 운전을 처음 하는 왕초보라도 운전 교습 첫날부터 도로 주행 연습을 한다.

운전면허 실기 시험을 치던 날은 더욱 기억에 남는다. 실기 시험을 치기로 한 날, 만나기로 한 장소에 가니 시험 볼 자동차의 뒷자석에는 시청 교통과에서 나온 공무원이 앉아 있었다. 시험을 보는 운전석 옆자리에는 운전 교습 선생님이 앉아 있었다. 운전 출발과 방향 지시는 시청에서 나온 공무원이 했다. 출발하고 나서, 앞 교차로에서 좌회전하라, 두 번째 신호등에서 우회전하라, 1차선에서 2차선으로 들어가보아라, 고속도로로 진입하라, 길가에 세워진 차 사이에 주차를 하라 등등 일련의 실기 시험을 보고 난 후, 모든 것에 만족을 했던지 시청에서 나온 공무원은 뒷자리에 앉은 채로 운전면허증에 '자신의 사인'을 해서 필자에게 주었다.

지금 필자가 가지고 있는 운전면허증에 '아헨 시 교통국장을 대신해서(Stadt Aachen Der Oberstadtdirektor Straßenverkehrsamt Im Auftrag)'라고 인쇄된 글자가 이것을 말해주고 있다. 즉, 시청에서 나온 시험관은 운전을 잘하는지, 운전면허증을 받을 운전 실력이 있는지를 판단하여, '아헨 시 교통국장을 대신하여' 운전면허증을 발급해주는 것이다. 새로 발급된 운전면허증은 시청 교통과 어느 공무원에 의해 발급되었는지를 알 수 있게 해준다. 운전면허증의 실명제라고 할까? 운전 실기 시험에 통과하고 나서, 그 자리에서 독일 운전면허증을 바로 받았을 때의 느낌은 정말 좋았다.

아헨에서 초기에는 자전거를 타고 연구소를 오갔지만, 흐리고 비가 오는 날씨가 많았기에 운전면허증이 필요했다. 가까이에 있는 슈퍼에서 간단히 식료품을 살 수도 있었지만, 조금 떨어진 곳으로 나가면 여러 가지 물품들을 값싸게 구입할 수 있었기에 자동차가 필요했다. 무엇보다도 연구실에서 늦게 나가는 날에는 낮보다 배차 간격이 긴 노선버스를 기다리는 시간이 길었으며, 주말에는 차량 배차 간격이 너무 크기 때문에 이용할 수가 없었다. 연구소에서 가장 가까운 버스 정류장이 하필이면 고속도로가 흐르는 다리 위에 있었기에 겨울에는 무척이나 추웠다.

주말에 독일 연구원들 집에 저녁 식사 초대를 받고 찾아간다든지 할 때, 대중교통 수단을 이용하는 것은 매우 불편했다. 어떤 곳은 대중 교통편을 이용해서 찾아가는 것이 불가능할 때도 있었다.

얼마 전에 아헨 시에는 아직도 33번 노선버스가 운행되고 있는 것을 보았다. 생활에 그렇게 불편함을 주지 않을 경우 옛것을, 아니 처음 부여받은 것을 그대로 사용하고 있는 것을 보니, 독일 사람들의 정신세계의 일면을 다시 보는 것 같았다.

법과 제도는 필요할 경우 사정에 맞게 새로 바꾸는 것이 맞지만, 운전면허증과 같이 사람이 살면서 평생 필요한 것은 운전자 개인에게 특별한 경우가 생기지 않는 한 새로 발급하지 않고 그대로 사용할 수 있게 해주는 것도 괜찮은 것 같다. 이렇게 하는 것은, 운전을 하는 것은 인간의 몸에 익은 기능이기에 시간이 흐름에 따라 조심하여 운전한다면, 그렇게 문제 되지 않을 것이라는 믿음이 있기 때문일 것이다.

도로 표면을 보고

차가 다니는 도로의 표면을 보면 그 나라의 힘을 알 수 있다. 언제 보수를 했는지 모르겠지만 아스팔트 색이 다른 부분이 도로 위에 있는 것을 보면 분명 수리한 도로 표면이다. 독일의 도로 표면을 보면 대부분 보수한 후의 도로 표면이 기존의 도로 표면과 높이가 거의 일정하다. 보수 후 차가 다니고 시간이 흘러도 도로 높이는 차이가 없다. 도로 표면의 높낮이 차이가 없는 것은 분명 보수 공사를 할 때 높낮이의 차이가 생기지 않게 하는 보수 방법에 대해 많이 연구했을 것이다.

우리나라의 경우 도로를 보수한 후 얼마 안 가서 기존의 도로와 잘 맞지 않아 울퉁불퉁해지는 도로 표면을 보고 속이 상할 때가 많았다. 이런 길을 지나갈 때에는 안락감을 느끼지 못하며 수많은 차들이 지나다닌다. 도로의 표면이 고르지 못한 것을 불평하면서. 그러나 독일에서는 도로의 많은 곳에 보수 흔적이 있지만, 도로 표면의 높이는 차이가 별로 없다.

사람이 다니는 보도도 마찬가지인 것을 쉽게 알 수 있다. 보도 위에 있는 블록이 비 온 후에 높낮이가 달라 물이 고여 있는 곳이 없다. 보도블록을 깔 때에는 보수해야 할 곳의 블록을 들어내고 블록을 깔 자리를 잘 정리를 하고 다진 다음, 블록을 가지런히 깔아야 한다. 블록을 밟고 지나가는 사람들의 마음을 헤아려야 한다.

높낮이 차이 없이 보수가 잘된 독일 도로

보수 공사를 한 도로 표면이나 인도에 깔려 있는 보도블록도 마찬가지다. 독일에서 새로 건설한 도로나, 보수를 한 후의 도로를 유심히 보면 보수 작업의 뒤처리가 잘되어 있음을 알 수 있다. 파낸 흙을 다시 잘 다져넣고, 흙의 유실이 생겨나지 않도록 잘 관리했을 것이다. 사람이 다니는 도로에서도 인간의 삶에 어떤 영향이 있을지를 세심하게 살피는 행정력의 필요성을 시사해주고 있었다.

우리나라에서도 보수한 도로 표면에 고인 물을 자동차가 튀기지 않도록 하여 지나가는 사람들의 기분을 상하게 하지 않을 무엇이 필요하다.

독일의 도시는 아직도 많은 도로와 사람이 많이 모이는 장소의 바닥을 돌로써 포장해두었다. 돌의 크기는 여러 가지이지만, 대체

하이델베르크 대학 주위에 있는 돌로 포장된 길

로 가로세로 5센티미터 정도, 높이 15센티미터 정도로 돌을 다듬어 길 위를 덮었다. 다듬어진 돌을 길바닥에 꽂아 세운 듯한 모습이다. 돌로 포장된 길 위를 자동차들이 지나갈 때는 아스팔트길을 지나갈 때보다 훨씬 시끄러운 소리가 난다. 지나가며 내는 '따르르르' 하는 소리는 길가에 살고 있는 사람들에게는 소음으로 들린다. 이제는 이런 길들이 보수하는 데 들어가는 경비가 많이 든다는 이유와 소음 문제로 많이 사라져가는 상태이다.

그러나 독일 도시 어디를 가나 이와 같이 돌로 포장된 길들이 많이 남아 있다. 유모차를 밀고 가는 아주머니들이 약간 불편해도, 휠체어를 타고 가는 사람들이 약간 불편해도, 돌로 포장된 길 위를 차량이 지나갈 때 시끄러운 소리가 나더라도, 옛것을 지키려는 독일 국민들을 보고 있으면 괜히 기분이 좋아지는 것을 어찌할 수 없었다.

돌로 포장된 길들은 검은색에 가깝다. 보기 좋게 포장된 돌길은 그런대로 운치가 있다. 시청 주변의 광장이나 상가가 밀집된 광장과 같이 대중이 많이 모이는 곳에서는 더더욱 멋있어 보인다. 콘크리트나 아스팔트로 포장된 것보다 훨씬 멋지다.

세월이 흘러 돌을 박아서 만든 길도 보수를 해야 될 때가 있다. 빗물이나 자동차, 외부의 충격에 의해서 박아둔 돌이 빠지는 경우 도로 보수를 해야 한다.

하이델베르크 구 시가지의 광장 한가운데에서 돌로 포장된 길을 보수하는 장면을 보았다. 작업자 두 사람이 지나가는 사람이 많은 광장에 꿇어앉아서 빠진 돌을 꽂아 넣는 일을 하고 있었다. 돌이 빠져 나간 자리에 땅을 고르고 빠진 돌은 깨끗이 하여, 돌

돌로 보장한 길을 보수하는 모습

사이 간격을 일정하게 하기 위해 돌과 돌 사이 모래를 꼭꼭 채워 넣으면서 빠진 돌들을 세우고 있었다. 마무리를 하기 위해 손에 장갑도 끼지 않은 채로 작업하는 모습이 보기에 좋았다.

　도로를 수리하는 작업자들을 한참 동안 바라보았다. 자기에게 주어진 일을 열심히 하고 있는 모습, 주위에 많은 사람들이 지나가지만 조금도 개의치 않는 모습, 돌을 세워 넣기 전에 바닥을 정성 들여 다지는 모습, 빠진 돌이 다시 쉽게 빠지지 않도록 신경을 쓰면서 일하는 모습이다. 저렇게 바닥에서 열심히 일하는 젊은 청년들에게 시원한 맥주라도 한 잔 사주고 싶었다. 이렇게 정성을 쏟아 일을 하니 좋은 품질이 나오는 것 같았다. 제품의 품질이 좋다는 뜻의 Made in Germany라는 말이 이것을 두고 하는 말인가 싶었다.

이십여 년 전 아헨 시의 어느 도로 위에서도 바닥에 쪼그리고 앉아서 돌로 포장된 도로를 열심히 보수하던 아저씨가 생각난다. 자신이 맡은 일 외에는 아무런 것에도 신경 쓰지 않으며 일하던, 지금쯤 백발이 다 되어 있을 그 아저씨가 생각났다.

잘 정리된 독일의 도로를 보면서 우리의 대학에서는 학생들에게 무엇을 가르쳐야 할까? 어떻게 무엇을 가지고 학생들과 이야기함으로써 기초가 튼튼한 나라가 될 수 있을지를 고민해야겠다고 느꼈다. 보수한 도로 표면의 높이가 차이가 나지 않는 도로를 만들듯, 우리는 기초를 어떻게 가르쳐야 하는지 고민을 해야겠다. 작은 것에서부터 교훈을 찾을 수 있을 것이다. 물이 튀지 않는 보도블록 위를 걸으며, 세계 속을 당당하게 나아가고 있는 독일의 모습을 그려보는 기회를 가졌다.

자라는 학생들에게 말할 수 있어야 한다. 한 사회를 튼튼하게 하는 것은 잘 뻗은 고속도로만이 아니라고. 보수한 도로에서 새로 놓은 것 같은 도로를 느낄 수 있을 때, 비로소 그 나라의 튼튼함을 느낄 수 있을 것이라고.

퍼낸 흙이 자기 자리로 되돌아갔는지를 체크하고, 퍼낸 흙이 제자리로 찾아갈 때까지 다지고 다진다면 울퉁불퉁한 길이 없어질 것이다. 이렇게 되기 위한 방법은 파낸 흙이 안으로 밀려들어가지 않도록 받침대로 지지하는 등 여러 가지 있을 것이다. 채우고 다지고 또 다져서 누가 보더라도 아무런 문제가 없는 도로를, 우리도 그런 도로를 가지고 싶다.

독일의 도로에도 보수 공사를 한 흔적은 많지만 사용하는 데 불편함이 없다. 보수로 색이 다른 아스팔트 위를 달릴 때에도 머

공학자의 눈으로 본
독일 대학과 문화

뭇거림이 없이 나아가고 싶다. 혹시라도 높낮이가 달라 덜거덕거리지나 않을까 하는 걱정을 하지 않고 도로를 달리고 싶다. 보수 흔적이 있어도 걱정하지 않고 독일 시내를 달리는 버스 기사를 볼 때 부러움이 앞선다.

독일 출장 중에 기차를 탈 일이 있었다. 기차에 올라서 앉을 자리를 찾던 중 어린아이 두 명이 기차 바닥에서 놀고 있는 모습을 보았다. 기차 바닥에 아이들이 있어도 안전할까 하는 생각이 들었다. 빈 좌석 찾던 일을 잠시 잊고, 아이들이 귀엽게 놀고 있는 모습을 한참 쳐다보았다.

아이 어머니는 좌석에 앉아 아이들이 잘 노는지를 바라보았다. 바닥에 앉아 있는 아이들은 한 살 남짓한 아이와 세 살 정도 되

는 아이였다. 집에서 가지고 온 담요가 기차 바닥에 깔려 있었다. 아이들이 잠시라도 놀 수 있는 공간이 있어 좋아 보였다. 보통 아이들은 바닥을 기어 다니며 놀기를 좋아하며, 무엇인가를 가지고 놀려고 하며, 좌석에 오래 앉아 있기를 싫어한다.

독일 기차 객실의 형태는 여러 가지다. 우리나라 KTX 기차 객실과 같이 한 객실에 승객들이 모두 있는 경우도 있으며, 이런 객실이라도 중간에 분리된 것도 있다. 6명씩 앉을 수 있도록 독립된 객실들로 만들어진 기차도 있으며, 이들은 복도를 따라 연결되어 있는 구조다. 오늘 만난 아이들이 탄 기차 객실은 6명이 탈 수 있는 객실에 4명이 앉을 수 있는 좌석이 들어 있으며, 좌석 두 개 놓을 공간에는 형태가 다른 접이식 의자 두 개가 벽에 설치되어 있었다. 이 공간에는 휠체어를 탄 사람도 있을 수 있다. 휠체어나 어린아이들의 놀이 공간이 필요 없을 때에는 접혀 있던 의자를 펴서 앉을 수 있다.

기차 객실을 꾸밀 때에도 어린아이의 어머니나 휠체어를 타는 사람들의 마음을 읽고, 특히 어린아이들이 움직일 수 있도록 기차 객실을 꾸민 것이다. 비록 좁은 공간이지만 두 개의 좌석을 형태가 다르게 설치한 것을 보면, 무엇이 먼저라는 것을 알고 그 원칙에 따라 이렇게 좌석을 배치하게 된 것이다. 이것을 보면서 독일 철도청에서 어린이가 있는 가족을 위해 얼마나 많은 배려를 하는지 알 수 있었다.

시내버스에서도 어린이 유모차나 휠체어가 버스 안으로 들어올 경우 공간을 쉽게 확보할 수 있도록 버스 벽면에 자연스럽게 접을 수 있는 의자가 있다. 유모차나 휠체어가 없을 경우 일반인들

시내버스 안의 접이식 의자

이 펴서 앉을 수 있다. 버스 내 공간을 교통 약자에게 배려하는 모습이다.

　나이 많은 사람들이 쉽게 버스에 오를 수 있도록 하기 위해 혹은 휠체어가 버스에 쉽게 오를 수 있게 하기 위해 출입문의 높이를 낮춘 경우가 있다. 노인들은 발을 들어 올릴 수 있는 능력이 떨어져 불편해할 것을 알고 높이를 낮춘 경우이다. 우리나라에서도 이 같은 기능을 가진 버스들을 종종 볼 수 있다.

　국민들의 입장에서 더 많이 편리하게 이용할 수 있도록 설계하고 만드는 것이 국가 정책의 최우선이 되어야 한다. 출산 장려 정책을 펴는 정부의 정책이 국민들에게 전달되고, 노인의 인구가 증가하는 추세에 맞추어서 노인의 활동에 조금이라도 도움을 줄 수 있는 사회의 기반 시설들을 준비함으로써 복지 사회의 실현이 가능할 것이다.

　이런 것을 보면서, 교육에 몸담고 있는 한 사람으로서 자연히 인간을 중심으로 하는 교육에 대한 정책도 잘 갖추어져야 할 것으로 생각이 되었다. 즉, 출산율 저하나 노인 인구의 증가와 같은 새로운 상황에 잘 대처할 수 있는 교육 정책도 앞으로 다가올 미래에 대한 준비 차원에서 이루어져야 한다. 단기적인 안목에서가 아니라 장기적인 교육의 정책을 구축하고, 교육의 효과가 최대가 될 수 있게 하는 지원시스템을 갖춤으로써 한 단계 높은 우리나라가 될 수 있도록 해야겠다.

어느 나라 할 것 없이 기차 안에는 기차표를 검사하는 승무원들이 있다. 각 국가 철도청에서 정한 복장을 하고 기차를 탄 사람들이 제시하는 기차표를 검사하는 것이다. 각 나라마다 검사하는 방법에는 별 차이가 없다.

독일에서 기차를 타고 이동하는 동안 만났던 승무원의 복장을 보았다. 우리나라 KTX 열차를 타면 만나는 승무원과 약간은 다른 모습이다.

독일의 기차 승무원은 김표하는 데 필요한 것 세 가지를 목에 걸거나 어깨에 메고 있다. 손안에 들어가는 두툼하게 생긴 기차표 발급기, 기차표에 구멍을 내는 천공기, 그리고 승객이 제시한 기차표에 날짜가 찍힐 수 있도록 하는 스테이플러 같은 날짜 인쇄기가 그것이다. 이 세 가지를 목에 걸거나 어깨에 메고 이 칸에서 저 칸으로 옮겨 다니고 있다.

승무원들의 목과 어깨에는 세 가지가 걸려 있고, 흔들거림을 막기 위해 입고 있는 웃옷의 주머니를 크게 만들어 그곳에 넣고 다닌다. 필요한 것을 목에 걸고 거추장스러운 것을 주머니에 넣어두게 해서 승무원의 양 손이 자유롭게 된다. 아주 작은 부분일지 모르지만, 승무원의 복장에는 많은 연구 결과가 적용된 듯하다. 어떤 일을 하는 사람들의 동작을 분석하여, 어떤 일을 해야 하고 이

기차 승무원의 모습

를 위해 어떤 도구들이 사용되는지, 움직이고 있는 열차 속에서 승무원의 안전을 어떻게 유지할지 등을 함께 분석한 결과가 녹아 있다.

기차 승무원들의 얼굴 표정은 대체로 밝은 편인데, 맡고 있는 일에 대한 보람이 표정으로 나타난 듯하다. 주고받는 인사말에서나 검표 후 표를 다시 돌려주는 태도에서 느낄 수 있다. 무슨 일이든 자신이 맡은 일에 보람을 느낄 때 마음이 즐겁게 마련이다.

독일에서는 여승무원도 쉽게 만날 수 있는데, 직업에서 남녀의 비율이 그렇게 차이가 나지는 않는 것 같다. 남자든 여자든 그 일을 할 수 있느냐가 중요한 것이다. 일의 종류에 따라 섬세한 성격을 가진 여성이 남성보다 더 적합한 영역도 있다.

이것을 보면, 우리나라에서도 여자 또는 보호계층인에게 일할 수 있는 기회를 더 많이 주어야 할 것이다. 대학에서 학생들과 만나 많은 시간을 보내다 보면, 일을 잘할 수 있는 여대생들이 많다. 그러나 여대생들이 대학을 졸업하고 나서 취업을 하는 경우가 남학생들보다 그렇게 많지 않은 현상을 보면서 안타까운 마음이 들 때가 많았다. 우리나라를 한 단계 더 높은 단계로 올리기 위해서는 여성 인력을 잘 활용해야 하겠다.

기차 승무원들이 검표에 필요한 물건 세 가지를 목에 걸거나 어깨에 메고 다니면서 검표를 하는 모습에서 독일의 실용적인 자세를 보는 듯했다. 이렇게 목에 메고 다니면 항상 두 손은 비어 있어서, 한 손으로 승객이 준 표를 받아 들고 또 한 손으로는 천공기나 인쇄기를 잡고 일을 볼 수 있다. 승객 한 사람 한 사람이 내민 표를 손쉽게 검표하기 위한 자세라 생각한다.

일에는 필요한 동작들이 있다. 이런 동작들이 수월하게 이루어지기 위해서는 여러 조건들이 어떻게 만족되어야 하는지를 잘 검토한 후 결정해야 한다. 즉, 독일 승무원들의 복장이나 필요한 도구들에는 어떻게 하면 하고자 하는 일이 잘되는지에 대한 많은 검토가 있었던 것이 틀림없다.

승객들은 빠르게 검표받기를 바라고, 승무원은 승객들이 보여 주는 표를 빠르게 검사하고자 한다. 모든 공무가 그래야 할 것 같다. 봉사를 해야 하는 공무원들은 반드시 봉사를 받을 국민의 입장으로 돌아가서 생각을 해야 한다. 이러기 위해서는 작은 것 하나라도 잘 검토하여 불편함이 없도록 하는 것이 공적인 일을 하는 자세라는 생각이 들었다.

아헨 대학교에 있는 많은 대학의 건물 주위에는 소방 도로로 지정된 곳이 많다. 대학 소속인 공작기계 및 생산공학연구소 건물 옆에도 소방 도로라고 표시된 도로가 있다. 독일에서는 도로의 바닥에 소방 도로임을 표시하는 대신 도로 표지판처럼 기둥 위에 소방 도로임을 표시한다. 간혹 우리나라 대학 캠퍼스 내에서는 도로 바닥이나 건물 주위 빈터에 표시를 하는 경우가 있다. 독일에서 이렇게 하지 않는 이유는 비가 오거나 눈이 올 경우 도로 바닥에 표시된 소방 도로 표시가 잘 안 보일 수 있기 때문이다.

비록 연구소 주위의 한적한 도로라도 소방 도로 표시가 있는 길에 주차하면 순찰하는 경찰에 의해 바로 신고가 되고, 견인 회사에서는 소방 도로에 주차된 차를 곧장 견인해 간다. 연구소 주위를 순찰을 도는 경찰들이 최우선으로 단속하는 것이 소방 도로에 주차한 차량을 단속하여 견인 회사에 알려 차량을 견인하도록 하는 것이다. 이것은 연구소의 연구 시설을 화재로부터 보호하고자 하는 아주 중요한 일이다.

대학처럼 많은 학생들과 연구 시설이 있는 곳에서 소방 도로는 중요한 의미를 갖는다. 대학은 실험실이 많고 많은 전기를 많이 쓰는 곳이며, 위험한 가스들을 다루는 연구소도 있다. 언제나 화재가 날 가능성이 있는 곳이다. 이러한 이유로 대학 내 건물 주

아헨 대학교 소속의 합성물질 연구소 옆에 세워진 소방 도로 표시 간판
(Feuerwehrzufahrt, Falschparker werden kostenpflichtig abgeschleppt.
소방 도로임. 잘못된 주차는 벌금을 내는 견인을 당함)

위에 소방 도로를 표시해서 소방차가 접근하는 데 문제가 없도록 하는 것이다. 화재가 발생했을 때 소방 차량의 접근성이 확보되지 못한다면 쉽게 화재를 진압할 수 있는 시간을 놓칠 수 있다.

우리나라 대학에서도 소방방재청과 함께 캠퍼스 내 어디 어디가 소방 도로가 되면 좋을지 검토하여 소방 도로를 지정하는 일이 시급하다. 소방 도로의 확보는 연구 시설뿐 아니라 연구 결과를 지키는 일이다.

많은 학생들이 생활하는 대학에서는 안전이 무엇보다도 중요하다. 캠퍼스 내에는 건물도 많고, 여러 가지 시설도 많다. 안전사고에 노출될 확률이 높다. 학생들이 강의실에서나 실험 실습실에서 안전하게 수업을 받게 하기 위해서는 안전사고에 대한 철저한 대비가 있어야 한다. 연구에 종사하는 학생들의 안전에도 중요하지만, 연구 시설이나 연구 결과물을 지키는 데에도 매우 중요한 일이다.

대학 캠퍼스 안에는 많은 자동차들이 왕래를 하고 주차를 한다. 대부분의 차량들이 지정된 주차장에 주차를 하지만, 일이 바쁠 때에는 주차장 아닌 곳에 주차하는 경우도 있다. 더욱이 소방차가 주차할 곳이라는 표시가 바닥에 있는 곳에도 주차를 하는 경우를 종종 본다. 많은 학생들의 안전과 직결된 문제이기에 차량을 가지고 대학에 들어오는 사람들은 어떠한 경우라도 소방 도로에 주차하는 일이 없어야 할 것이다. 대학에서는 차량이 우선이 아니라, 학생들과 교직원들의 안전이 우선이기 때문이다.

독일의 여러 대학교에서 쉽게 볼 수 있는 소방 도로 표시가 우리나라 대학교에서도 쉽게 보일 수 있게 설치되기를 기대해본다.

화려한 겉을 위해
쏟아야 하는 노력을
내부를 다듬는 데
사용한다면, 우리의
삶에는 보다 많은
즐거움이 있을
것이다.

4부

독일의 일상
스케치

못생긴 사과

　　필자가 아헨 시에 살 때, 독일인 빌리 뮬러 박사(Dr.-Ing. Willi Müller)라는 친구가 필자가 생활하고 있는 집에 놀러온 적이 있다. 반가운 친구라 가게에 가서 사과를 사서 깨끗이 물로 씻고, 먹기 좋게 칼로 껍질을 깎아서 알맞은 크기로 썰어주었다. 이것을 본 친구가 왜 껍질을 깎느냐고 물었다. 필자는 사과 껍질에는 농약이 많이 묻어 있을 것 같아 깎는다고 했다. 그 친구는 그런 걱정을 하지 말고 그냥 껍질째로 먹으라고 했다.

　　같은 연구실에서 생활했던 에일 박사(Dr.-Ing. Ehl)라는 친구는 매일 간식을 준비해 왔다. 간식이 들어 있는 비닐 봉지에는 사과 두 개와 크림과 치즈를 바른 빵이 들어 있었다. 대략 아침 10시경에 간식을 먹는다. 역시 이 친구도 사과를 껍질째로 와삭와삭 씹어 먹었다. 참 맛있게도 먹는다고 생각했다. 과일 표면에 묻어 있을 농약에 대해 아무 걱정 없이 사과를 껍질째로 씹어 먹는 모습이 보기에 좋았다. 독일의 여러 과일 가게에서 팔고 있는 과일에는 우리가 그냥 먹어도 될 정도로 잔류 농약이 적다고 했다. 그 후로 필자는 독일에 살면서 사과를 먹을 때 껍질째로 먹었다.

　　독일에서 생산되는 사과는 우리나라 사과에 비하면 작고 못생겼다. 수입되어 들어오는 사과도 작고 못생겼다. 상점에서 파는 사과를 보면 우리나라 사과같이 크고 윤이 나며 먹음직스럽게 보

못생긴 사과가 진열된 독일의 과일 가게

이는 사과는 없다.

아헨 시내를 거닐다가 저녁 식사 후 먹을 사과를 몇 개 사기 위해 과일 상점에 들렀다. 과일이 진열되어 있는 곳에서는 역시 볼품없이 생긴 사과들이 눈에 들어왔다. 상자 속에 들어 있는 사과는 우리나라의 잘생기고 큰 사과 모습은 아니다. 원산지가 다른 듯 세 개의 사과 상자에 자기 마음대로 생긴 작은 크기의 사과들이 상자에 담겨 있다.

무엇이 먼저인가? 독일 국민들은 크고 멋있는 사과보다는 농약이 없는 사과가 우선이라는 생각을 하는 것 같다. 독일로 수입되어 들어오는 사과들도 주 정부의 잔류 농약 기준 이하인 것이라고 한다. 독일 국민들이 사과를 껍질째로 먹을 수 있는 것은 주 정부의 검사 결과를 믿기 때문이다.

우리 인생도 이와 비슷할 것 같다. 현재 살고 있는 삶이 겉은 화려하지만 내부적으로 충실하지 못하다면 올바른 삶이라 말하기 어렵다. 화려한 겉을 위해 쏟아야 하는 노력을 내부를 다듬는 데 사용한다면, 우리의 삶에는 보다 많은 즐거움이 있을 것이다.

독일의 과일 상점이나 대형 슈퍼마켓에서 팔리고 있는 작고 못생긴 사과를 보면서 많은 생각을 했다. 얼마 전 국내 대형마트에서 판매한 바나나에서 기준치의 약 90배가 넘는 농약 성분이 검출되었다는 기사를 보았다.(2014년 10월 25일 조선일보) 우리나라도 먹는 것에 대해서는 국민 건강을 지키기 위해서 강한 기준을 만들어, 아니면 있는 기준이라도 엄격히 적용하여, 과일이든 생선이든 혹은 식당에서 파는 음식이든 국민들이 먹는 것에 대해서는 걱정을 하지 않도록 되면 좋겠다. 국민 보건을 책임지는 국가 기관에서나 관련 연구소에서는 식품에 관련된 법들이 잘 시행되고 있는지 항상 감시를 해야 할 것이다. 작고 못생긴 사과가 왠지 모르게 부럽게 느껴지는 하루였다.

환경을 생각하는 마음

독일에 올 때마다 먼 곳에서나 가까운 곳에서 들리는 소리가 있다. 유학 시절 토요일 아침이나 일요일 아침에도 멀리서 들려왔던 소리였다. 평일에는 아침 일찍 연구소에 출근하느라 듣지 못했고, 약간 늦게까지 잘 수 있는 토요일이나 일요일 아침에 들려왔다. 병이 깨지는 소리다. 가정집이 있는 지역에서나 대학의 연구소가 있는 곳곳에 여러 가지 색이 칠해진 자그마한 컨테이너들이 놓여 있다. 색이 있는 유리, 포장지, 흰 유리, 종이, 쓰레기 들을 시민들이 분리해서 버릴 수 있도록 해두었다.

아주머니, 할머니, 아저씨, 할아버지, 젊은 학생 할 것 없이 여러 종류의 빈 병을 집에서 들고 와서, 컨테이너 통에서 버리면서 깬다. 깨지는 병 소리는 주위에 살고 있는 사람들이 쉽게 들을 수 있다. 컨테이너 통에서 병을 깨는 이유는 부피를 줄이고자 하는 것인데, 더 많은 병들을 수거하기 위해서이다.

병이 깨지는 소리는 사용한 폐병을 모아 다시 유리로 재활용하기 위해 모으는 과정에서 생겨난 것이다. 독일에 있는 여러 도시 곳곳에 흰색과 푸른색의 보기 좋은 컨테이너 통들이 이번 출장길에서도 어김없이 눈에 띈다.

유리병뿐만 아니라, 헌책이나 보고 난 신문지들도 한 달에 한 번씩 시청에서 요일을 정해 수거해 간다. 관공서에서 쓰이는 많

유색 유리, 포장지, 흰 유리, 쓰레기, 종이 분리수거함

대학교 화장실에 비치된
재생 용지로 만든 종이 수건

은 종이들이 이렇게 수거해서 만들어진 재생 용지다. 독일의 관공서에서 각 가정으로 보내는 모든 통신물의 봉투와 편지지도 역시 오래전부터 재생 종이를 사용하고 있다. 정부에서나 시 소속 관공서 및 대학에서는 이렇게 모범적으로 재생 용지를 사용함으로써 국민들과 함께 자연 보호를 위해 노력하고 있음을 보여준다. 재생 용지의 색깔은 누른색이다. 간혹 시청에서 우편으로 보내오는 재생용지 봉투 겉면에는 '환경을 보호하는 재생용지'임을 나타내는 글이 쓰여 있다.

독일의 여러 대학교에서 사용되는 화장지도 대부분 재생용지이다. 이번에도 그 옛날에 보았던 누른 색깔의 두툼한 재생용지로 만든 화장지를 볼 수 있었다. 대학의 화장실에서 변기 옆에 비치된 두툼한 화장지를 손 위에 올려두고 한참을 보았다. 종이나 유리 할 것 없이 재활용 가능한 소재는 재활용해야 된다는 것을 교육을 통해서나 생활을 통해서 스스로 배우고 있는 것이다. 현재 우리나라에서도 재생용지로 만든 화장지를 많이 사용하지만, 자연을 보다 더 보호하는 차원에서 적극적으로 재생용지를 사용하면 좋겠다.

환경을 보호하고, 재활용할 수 있는 것을 다시 사용하려는 독일 국민들의 국민성을 다시 한 번 보는 기회가 되었다. 여러 가지 물자들을 아낄 수 있을 때 아끼고, 지구의 깨끗한 환경을 생각하며, 맑은 공기를 위해 많은 나무를 보호해야 한다는 국민들의 마음이 있을 때, 우리가 살고 있는 지구도 살아서 움직이는 튼튼한 삶의 터전이 될 것이다.

사전을 나누어주는 나라

　　독일에서는 초등학교 3학년에 다니는 학생들에게 독일어 사전을 나누어주는 나라다. 1992년 첫 번째 연구년을 독일 베를린 공과대학교(TU Berlin)에서 보냈다. 그곳에서 필자의 큰아이가 초등학교 3학년으로 들어갔다. 들어가서 얼마 지나지 않았을 때 학교에서 사전을 한 권 받아 왔다. 독일어 숙제가 무엇인지 물어보니 10개 정도의 단어를 보여주었다. '아, 이 사전을 보고, 단어 뜻을 찾아오라.'는 것으로 생각하고, 나누어 준 사전을 보며 단어 뜻을 찾아서 적어 가도록 했다. 다음 날 담임선생님께서 보내준 쪽지 내용은, '단어 숙제는 단어의 뜻을 적는 것이 아니라, 각각의 단어가 나누어준 사전의 몇 페이지, 왼쪽 혹은 오른쪽, 상단, 중간 혹은 하단에 있는지를 찾아서 적어 오는 것입니다.'라고 적혀 있었다.

　　매일 열 개 이상의 단어 숙제가 있었고, 단어들이 사전 어디에 있는지를 찾아서 노트에 적어 가는 모습을 보면서 '이것이 국어를 정확히 공부시키는 것이구나.'라는 생각이 들었다. 왜냐하면 자기가 모르는 단어가 나왔을 때 자연스럽게 '사전을 찾아보는 습관'을 갖게 해주기 때문이다. 한 달 정도 지나니 깨끗했던 사전 옆면에 손때가 누렇게 묻은 것을 보았다. 이를 통해 공부하는 좋은 습관을 길러주게 되는 것이다.

아헨 시내 서점에 전시된 다양한 독일어 사전들

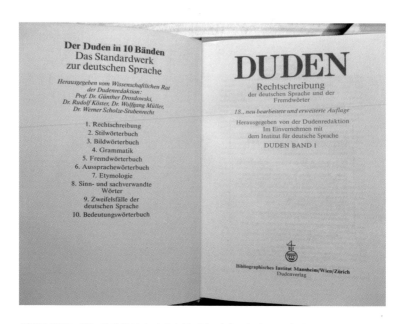

필자가 가지고 있는 두덴 독일어 사전의 첫 장을 넘겨보니 열 종류의 서로 다른 독일어 사전 이름을 볼 수 있었다. 예를 들어 정확하게 쓰기를 도와주는 사전, 문체나 표현을 도와주는 사전, 모습이나 개념을 표현해내는 데 도움을 주는 사전, 문법을 소개해놓은 사전, 외래어를 소개해놓은 사전, 읽기를 도와주는 사전, 단어의 어원들을 설명해놓은 사전, 속담 풀이 사전 등이 있다.

언젠가 아헨 시내에 있는 서점에 들어가보았다. 서점의 한곳에 사전만을 전시해둔 곳이 있었는데, 두덴(Duden)이라는 회사에서 만들어내는 독일어 사전은 그 종류가 수십 가지였다. 책장에 꽂혀 있는 여러 종류의 사전을 부러움을 안고 바라보았다. 서점에 꽂혀 있는 사전만큼이나 독일 국민들은 국어 교육에 많은 관심을 가지고 있는 것이다. 저렇게 많은 사전들을 비치해두는 것은 찾는 사람들이 많다는 뜻이리라. 서점에 들어오면 어떤 베스트셀러

가 있나 하고 보는 것과 같이.

국민들이 '말을 하는' 방법과 '글을 쓰는' 것을 도와주기 위해서 한 가지 주제로 연구한 것들을 묶어 펴낸 것이 사전이다. 말과 글의 특성에 따라서 필요할 경우 사전을 만드는 것이다. 여러 가지의 사전으로 학생 스스로 공부하게 함으로써 독일 국민들은 스스로 자기 나라 말에 대한 자부심을 느끼게 될 것이다.

우리는 국어 교육을 어떻게 받았을까? 스스로 공부할 수 있게 만들어진 우리나라 초중고의 국어 자습서를 보면, 단어 뜻, 문단 나누기, 문단의 주요 내용, 지은이의 생각 등을 빨간색, 푸른색을 섞어가며 예쁘게 써놓았다. 이러니 국어사전을 찾을 필요가 없고 새로운 종류의 사전을 만들 필요가 적어진다. 국어 시간에 선생님께서 사전을 찾아서 단어 뜻을 알아오라고 하시는 말씀을 들은 적이 별로 없는 것 같았다. 사전을 찾는 것은 시간 낭비인 듯 생각되었다. 학생들이 책을 읽고 스스로 느끼는 감정을 자유롭게 발표를 하면 맞는 것이 아니고, 자습서에 나오는 내용만을 맞는 답으로 여겼다.

이제는 우리도 학생들이 스스로 찾아서 공부할 수 있게 해주어야 한다. 비록 그 방법이 약간은 느리고, 학생 스스로 답을 찾는 데 시간이 걸리고, 학생들마다 서로 다른 여러 개의 답이 있을지라도 학생들이 자기가 생각한 것도 답이 될 수 있다는 것을 함께 가르쳐주어야 할 때라는 생각이 들었다. 독일 초등학교에서 나누어준 깨끗했던 국어사전이 아이의 손때가 묻어 변해가는 모습이 새롭게 기억난다.

우리나라 대학에서는 국어사전을 스스로 찾아서 공부할 필요가 없었던 학생들에게 고등교육을 어떻게 시켜야 하는지 고민해야 할 것이다. 사전을 보며 스스로 답을 찾는 데 시간을 많이 보내지 않았던 학생들에게 멋지게 작성된 리포트를 기대하는 것은 어려운 일이다. 그렇지만 대학에서라도 스스로 공부하는 방법을 찾아주지 않을 때에는 교육 효과의 극대화를 기대하기 힘들 것이다. 이를 위해 학생들에 대한 학습 내용과 방법을 면밀히 검토해서, 학생들에게 맞는 새로운 교수 방법을 찾아야 할 것이다.

식판 수를 세는 신뢰의 사회

　　아헨 대학교에는 여러 곳에 학생들을 위한 식당이 있다. '멘자(Mensa)'라고 하는 이곳은 대학생들이 식사를 할 수 있는 식당, 커피와 케이크를 사서 먹을 수 있는 카페테리아, 학용품 등을 살 수 있는 매점, 학생 자치활동이 가능한 공간 등 학생들의 편의시설이 있는 학생 생활관(Studentenwerk Aachen)이다. 화려한 색으로 되어 있어서 학생들의 기분을 한층 상승시켜준다.

　옛날 아헨 시에서 유학을 할 때, 종종 멘자로 점심을 먹으러 가곤 했다. 처음 이곳에서 식사를 할 때 일반 식당에서 볼 수 없었던 장면을 보고 놀랐던 기억이 난다.

　여러 곳에 있는 식당에 따라 음식의 종류가 약간씩 달라 학생들은 자신이 좋아하는 곳으로 간다. 점심때가 되면 많은 학생들이 점심을 먹기 위해 줄을 서서 음식값을 내고, 식판을 하나씩 들고 자기 차례를 기다린다. 대학생들이 식대로 내는 돈이 당시(1983년경) 2마르크 50페니히였다. 독일 마르크(DM, Deutsche Mark)와 페니히(Pf, Pfennig)는 1948년부터 1990년까지 서독에서, 통독 후 1990년에서 2002년까지 독일에서 사용되던 돈의 단위다.

　음식을 담은 식판을 들고 계산대를 통해 나오면서 식판을 자동으로 세는 카운터(counter, 지하철을 타기 위해 플랫폼으로 들어갈 때 사람의 몸에 걸려 돌아가며 수를 세는 것과 비슷하며, 통과한 물체의 수를

새로 꾸며진, 아헨 대학교의 학생식당 멘자

세는 접촉 센서의 일종)에 의해 식판의 수를 세고 있는 모습을 보고 의아했다. "학생들은 식비를 내고 나가는데, 왜 학생들이 들고 가는 식판의 수를 세는 것일까?"

연구실로 돌아와서 독일인 박사과정 학생에게 물어보았더니, 그 학생은 "학생들이 먹은 식판 수에 비례해서 주 정부에서 식대를 지원받기 위해서이다."라고 대답했다. 이 답변을 듣고, 독일의 경제 발전은 바로 서로 믿고 사는 신뢰가 밑받침되어 있는 사회이기 때문에 가능했을 것이라는 느낌이 들었다.

대학에 있는 여러 식당에서 학생들로부터 식비를 받는 사람들이 학생들이 먹고 간 식판의 수를 집계해서 주 정부에 보고를 하면, 주 정부는 식대 보조금을 주는 것이다. 만약에 한 주에 있는 대학의 모든 학생 식당에서 학생들에게 팔린 식판의 개수를 주 정부에 부풀려 보고한 대로 각 식당마다 식대 보조금이 지급되었다면, 허위로 보고되어 늘어나는 식대 보조금으로 주 정부는 어려움을 겪었을 것이다. 식비를 받는 사람들이 얼마든지 식판의 카운터를 조작해서 식판의 수를 속일 수도 있지만, 독일 사회에서 오랫동안 이런 시스템이 별 문제없이 운영되고 있었다는 것은 식사비를 받는 사람들이 카운터를 속이지 않았다는 것이다.

학생들이 점심을 먹는 일반 식당에서는 대략 6~8마르크 정도 했다. 주 정부에서 식대를 지원하는 이유는 대학의 식당에서도 일반 식당과 같은 식사의 질을 유지하게 위해서이다. 젊은 대학생들을 '독일의 미래'라고 생각하기 때문이다. 즉, 독일의 각 주 정부에서 대학생들에게 알찬 점심을 제공하기 위해서 학생들이 내는 식대의 2~3배 정도를 대학의 식당에 보조비로 지원하고 있는 것이다. 국민들이 낸 세금이 정말 멋지게 사용되는 모습을 보니, 참 부러운 마음이 들었다.

대학에 있는 학생 식당의 식판 수를 세는 모습에서 독일 국민들이 가지고 있는 서로 믿고 사는 신뢰의 사회를 보는 것 같았다. 어느 한곳에서 무너지면 사회, 더 나아가 국가의 시스템이 무너지는 것이다. 신뢰의 사회가 올바른 사회를 만들고, 굳건한 국가를 만드는 초석이 될 수 있음을 보여주었다.

간혹 부산대학교 안에 있는 학생들이 주로 점심을 먹는 식당에 가본다. 2,000원에서 3,000원 하는 음식 가격이 싸서 그럴까? 음식의 질이 낮은 것 같다. 한창 자라는 학생들이 영양 섭취가 충분히 될 수 있는 식사를 했으면 하고 바라는 마음과 함께, 안타까운 마음이 들었다. 대학생들의 건강을 위해 정부로부터 식비의 일부 지원이 될 수 있기를 기대해본다. 젊은 학생들은 우리나라를 짊어지고 나갈 우리의 미래이기 때문에!

독일의 여러 큰 도시의 중앙역 주위에 맥주병을 든 아저씨들이 어지럽게 걷는 모습을 종종 본다. 그 옆에는 경찰견인 셰퍼드와 함께 혹시 무슨 일이 있나 이들을 처다보는 경찰관들도 함께 있음을 본다. 셰퍼드 주둥이 주위에는 입마개를 씌웠다. 일반 사람들에게 해를 끼치지 않게 하기 위해서다. 맥주나 다른 술에 중독된 아저씨와 경찰관이 함께 이야기를 나누는 모습을 보면 어딘지 모르게 친근감이 든다.

독일은 맥주의 나라다. 독일에서는 거지도 맥주를 마신다는 말이 있을 정도로 일반화되어 있으며, 정말 많은 사람들이 맥주를 사랑한다. 독일에서는 맥주의 종류가 수천 종에 이른다.

낮인데도 불구하고 술에 취해서 맥주병을 들고 많은 사람들이 모이는 중앙역 주위를 어슬렁거리는 모습을 보니 여기도 영락없이 인간이 사는 사회인 것을 어찌할 수 없다. 걸음도 올바르게 걷지 못하고, 얼굴에는 어떻게 살아가야 할 것인지에 대한 걱정이 조금도 없어 보인다. 그냥 맥주가 좋은 듯하고, 맥주병만 있으면 되는 것 같다. 아무런 불만이 없어 보이는 사람들도 있고, 온통 불만이 쌓여 있는 듯 고함을 지르는 사람들, 여럿이 모여 떠들며 바닥에 앉아 있는 사람들도 있다. 어떤 삶을 살아왔는지, 어떤 생각을 하면서 살아왔는지, 앞으로 어떻게 살아가야 할지에 대해 아

슈투트가르트 중앙역에서 본 독일의 경찰

무런 생각이 없는 듯하다.

슈투트가르트 중앙역에서 경찰관들을 보았다. 셰퍼드를 데리고 있지는 않았지만, 술에 취한 사람, 마약에 취한 사람, 올바르게 행동을 하지 않는 사람들을 찾고 있는 듯했다. 경찰관의 이런 모습은 일반 시민들에겐 조금도 불쾌감을 준다거나 거부감을 주지 않는다. 경찰관들은 자신의 역할만을 수행한다고 일반인들이 생각하기 때문에 그런 것 같다.

독일의 어린이들이 가장 좋아하는 사람은 경찰관이다. 그것은 신뢰의 상징으로서의 의미일 것이다.

독일에서는 경찰관이 어린아이들에게 무척이나 친근한 존재이다. 경찰관과 경찰서는 아이들에게 고마움을 주고 즐거움을 주는

기차 안에서 만난 어린아이가 보고 있던 그림책의 제목이 '경찰관(Polizei)'이었다. 어머니와 어디를 같이 가는 길이었다. 아이가 그림책을 넘겨 각 페이지에 인쇄된 경찰관의 여러 모습을 따라서 예쁜 색연필로 색을 칠하는 모습이 보기에 좋았다.

사람과 장소라 생각하는 것 같다. 경찰서 관내에는 자전거와 여러 종류의 탈것, 신호등과 도로 표지와 간이 도로가 준비되어 있어, 경찰관들이 경찰서에 찾아온 어린이들에게 도로에서 지켜야 할 도로 법규에 대해서 알려준다.

독일에서는 어린아이들이 자전거를 도로에서 타기 위해서는 '자전거 면허증'을 받아야 한다. 자전거를 타는 어린아이들의 안전뿐만 아니라 도로를 주행하는 차량을 위해, 자동차와 마찬가지로 도로 법규와 자전거 타는 실력을 보고 면허증을 내어준다. 자전거 면허증을 따기 위해 교통 법규와 교통 상황에 대한 소개가

들어 있는 책자가 준비되어 있다. 이런 자전거 면허증의 발급 기관은 경찰서이며, 자전거를 타고 싶은 어린이들은 경찰서에서 자전거 면허 시험(필기 및 실기 시험)을 봐야 한다. 이렇게 어린아이들의 생활 속에 경찰관이 친근하게 자리 잡고 있는 것이다.

독일에서는 국민들의 재산과 안전을 지켜주는 경찰관들이 어린이를 포함한 국민들의 박수를 받고 있다.

경제적으로 부유한 독일에도 구걸하는 사람이 있다. 도시 중앙에 있는 시청이나 중앙 성당 앞, 혹은 지하철이 많이 모이는 곳에 가면 이런 사람들을 쉽게 볼 수 있다. 땅바닥에 반려견과 함께 앉아 있거나 혼자서 앉아 있기도 하고, 어린아이와 함께 돗자리를 깔고 앉아 있기도 한다.

머리에 보자기를 쓴 아주머니가 잠에 취해 바닥에 앉아 있는 모습이다. 언제 던져줄지 모르는 동전을 기다리며 졸고 있다. 한 손에는 종이로 만들어진 컵을 들고 있다. 다리가 불편한지 다리를 펴고 앉아 있으며, 걸음을 걸을 때 사용할 지팡이가 바닥에 놓여 있다. 쾰른 대성당의 돌기둥을 기대고 앉아 있는 모습이 애처롭다.

구걸하는 사람이 대성당 앞 사람들이 출입하는 곳에 앉아 지나가는 사람들을 바라보고 있다.
이곳은 대성당을 구경하는 사람들이 가장 많이 들어가고 나오는 출입문이다. 대성당 기둥에
새겨진 성인들 아래에서. 대성당을 들어가다가 서서 기둥에 새겨진 멋진 모양들을 사진으로
찍고 있는 사람들 틈에서 자신에게 적선해주기를 기다리고 있다.

　종이컵, 깡통, 쓰던 그릇이나 모자를 앞에 두고 있다가 지나가
는 사람이 던지는 동전 소리에 '당케 쇈(Danke schön)!'이라고 얼른
말한다. 바람이 불고 눈이 오고 추운 겨울날 이런 사람들을 보면
더욱 마음이 아프다.

　길가에 있는 쓰레기통을 뒤지는 사람들도 있다. 쓰레기통에서
먹을 것을 찾는 사람도 있고, 빈 캔을 찾아 큰 봉지에 넣어 팔려
고 하는 사람도 있다. 쓰레기통 주위에 사람들이 있든 없든 아무
렇지도 않게 쓰레기통에 손을 넣어 뒤적인다. 무척 필요한 것이
많은 듯하다.

땅바닥에 앉아 구걸하는 사람들 중에는 멀쩡해 보이는 사람도 있다. 무엇인가를 할 수도 있을 것이다. 보통 사람과 비교해도 건강한 체격을 가지고 있다. 여기 있는 이 사람은 무슨 일을 하다가 잘 안 된 것일까? 용기를 내어 다시 한 번 더 도전을 하면 어떨까?

　이렇게 구걸하는 사람과 쓰레기통을 뒤적이는 사람들 모두 독일 사람들일까? 주변 나라에서 들어온 사람들일까? 아니면 정신적으로 문제가 있어 이렇게 길바닥에 앉아 있는 것일까? 경제적으로 삶을 꾸려나가기가 힘들어 이렇게 구걸로써 살아가는 사람들일까?

　독일은 잘살기에 구걸하는 사람이나 쓰레기통을 뒤적이는 사람들이 없을 것이라 생각을 했다. 그렇지만 독일에도 이런 사람들이 있다. 사회 보장제도가 잘되어 있는 나라이지만, 잘 갖추어진 제도들이 이 사람들에게까지는 미치지 못하나 보다.

구걸하는 사람들은 지나가는 사람들을 무표정으로 바라보고 있다. 그 무표정에서 사회에 대한 무관심도 함께 본다. 바빠 살려고 하는 일반 사람들과 다른 무엇인가를 느낀다.

길바닥에 앉아 지나가는 사람들에게 구걸하는 사람들도 한때는 열심히 살았고 바쁜 삶을 살았을 것이다. 어느 순간에 자기가 하고 있는 일이 잘 안 되고 있음을 느꼈을 수도 있으며, 더 이상 할 수 있는 일이 없었을 것이다. 지금 이렇게라도 해야 빵을 살 수 있고, 마실 물이라도 살 수 있지 않았을까?

간혹 구걸하는 사람 앞에 어린아이들이 같이 앉아 있는 경우를 본다. 어머니 무릎에 앉아 있기도 하며, 추운 날씨일 때는 어머니 품속에 있기도 한다. 감기가 들었을 때는 더욱 불쌍한 모습이다. 어린아이는 무슨 죄가 있겠는가? 사회의 새 구성원으로 잘 자랄 수 있도록 해주어야 할 것 같은데, 그렇지 못한 것 같다.

독일 주 정부와 자선 단체에서도 이런 사람들을 위해 많은 노력을 하고 있을 것이다. 따뜻한 잠자리를 마련해주기 위해서, 아니면 일을 할 수 있는 자리를 만들어주려고 노력하고 있을 것이다. 정신적으로 문제가 있을 때에는 정신 치료를 해주고 있을 수도 있으며, 이런 사람들의 재기를 위한 교육을 시키고 있을 수 있다. 국민들이 낸 세금들을 이런 사람들을 위해 사용하고 있을 것이다.

잘사는 나라에서도 이렇게 어려운 삶을 살아가고 있는 사람들을 본다는 것이 이해하기가 힘들 때도 있지만, 구걸은 아주 오래 전 인간 사회가 시작될 때부터 있었다고 하니 이 문제를 해결하기가 매우 어려운 것인가 보다. 이런 사람들을 바라보고 있는 필자는 인간의 한 사람으로서 마음이 편치 못하다.

모두가 다 넉넉하지는 못해도 같이 더불어 살 수 있는 세상이 오면 좋겠다. 비록 어려운 문제이지만 이들도 사람이고, 우리의 이웃이지 않는가? 따뜻한 마음으로 이들을 보듬고 나아가는 세상이 될 수 있도록 정부에서는 더 많이 노력하고 배려하는 정책을 세워 함께 살아가는 사회가 되면 좋겠다. 이런 사람들도 보통 사람들과 차이가 나지 않는 사람이라는 마음으로 이 세상을 살 수 있었으면 더없이 좋겠다.

가로수 밑에는

　어느 나라 할 것 없이 대학에는 강의를 위한 건물, 연구소로 이용되는 건물, 실험 실습 기자재가 모여 있는 학생들의 왕래가 잦은 건물, 교수 연구실이 있는 건물, 학생들을 위한 기숙사, 도서관, 학생들의 편의 시설이 있는 많은 건물들이 있다.

　아헨 대학교에도 많은 건물들이 있는데, 오래전에 지어진 건물부터 요사이 지어진 건물까지 다양한 크기와 형태로 학생들의 교육과 연구 및 생활을 위한 공간을 제공하고 있다. 많은 건물 주위에는 키가 작은 나무, 큰 나무들이 서 있다. 아름드리 나무들도 있으며, 수령이 수백 년 정도 된 나무도 있다. 더운 여름날에는 매미 울음소리와 함께 시원한 그늘도 만들어주니 반가운 존재다.

　대학 본부 부근의 키 큰 나무 아래에 앉았다. 바람에 흔들리는 나뭇잎들이 시원하다. 학생들이나 교수들에게 그리고 지나가는 시민들에게 여름이 왔음을 알려주고 있다.

　아헨 대학교의 본부 건물 바로 옆에 새로 세워진 슈퍼 C 학생 서비스센터(SuperC Student Service Centre) 건물은 대학생들을 위한 교무 행정 및 등록 업무를 보는 부서(Registrar's Office), 중앙 시험 관리 부서(Central Examination Office), 외국 학생 지원 부서(International Office), 기술 이전과 연구 펀드 및 경력 개발 부서(Technology Transfer, Research Funding and Career Development), 법률 자

아헨 대학교의 SuperC Student Service Centre

독일의 가로수

문 사무소(Legal Affairs) 등이 있는, 대학생들을 위한 종합 소통의
공간이다.[21]

　SuperC 건물 주위에 서 있는 키가 큰 나무 밑을 본다. 나무가
그냥 이렇게 키가 큰 것이 아님을 알 수 있다. 나무들이 잘 자라게
하기 위해 사람들이 많은 노력을 기울이고 있다. 나무 크기에 따
라 나무에게 주는 거름을 줄 만한 땅의 크기들이 다르다. 일 년에
두어 번 정도 학교 당국에서 거름을 준다. 겨울이 가까이 오면 거
무스름한 색의 나무로 만든 거름이 각 가로수 밑에 수북이 쌓여
있음을 본다. 겨울 동안 나무의 뿌리가 따뜻이 살 수 있게 해주는
것이다.

　독일의 날씨는 좋지 않다. 흐리고 비가 오는 날이 많으며, 겨울

공학자의 눈으로 본
독일 대학과 문화

에는 온몸으로 싸늘하게 전해져오는 추위가 있다. 이런 날씨를 견디고 자라는 나무들을 위해 사람들이 배려하는 마음은 크다. 정성을 들여서 보살펴주고 있음을 나무가 서 있는 밑자리를 보면 알 수 있다.

나무 밑자리의 크기는 가로수가 클수록 크게, 작을수록 적게 비워두었다. 비가 오면 빗물이 쉽게 스며들 수 있도록, 눈이 오면 눈이 소복이 쌓일 수 있도록, 거름을 줄 때에는 거름이 수북이 쌓여 있을 수 있도록 덮개를 하지 않은 상태의 맨땅을 비워둔다. 나무가 마음 놓고 뿌리를 뻗어 내릴 수 있도록 해주었다.

부산대학교에도 수령이 오래된 나무가 많다. 간혹 보면 가로수 아래에는 언제 만들어 덮었는지 모를 주물로 만든 덮개가 올려져 있다. 나무가 어릴 때 덮은 것이라 나무가 자라면 덮개도 그에 맞추어 크게 만들어주어야 하는데 그렇지 못한 것들이 눈에 띈다. 세월이 지나 나무줄기와 뿌리가 커져 나무뿌리가 덮개 위로 뻗어 나와 아픔을 호소하는데도 새 덮개로 교체되지 않은 경우가 있다.

키가 큰 나무 옆 잔디밭에서 여러 학생들이 선탠하며 책을 보고 있는 모습은 정말 보기가 좋다. 하늘은 맑고, 약간의 바람은 불어오고, 햇볕이 필요한 학생들은 수건을 깔고 누워서 책을 보는 풍경에서 여유를 느낀다. 학업에 시간이 모자라는 가운데서도 날이 좋으면 사람들은 햇볕을 맞이하러 나온다. 이와 같이 우리나라 대학생들에게도 생활의 여유를 줄 수 있는 무엇인가가 있었으면 좋겠다.

우리나라에서는 햇빛에서 나오는 자외선이 몸에 나쁘다고 하지만, 독일 사람들은 '그것이 무슨 말이고?' 할 정도로 햇빛을 좋아한다. 햇빛이 없는 날에는 집 뜰에서도 선탠을 하고 있는 모습을 쉽게 볼 수 있다. 아직까지 완전히 증명된 것은 아니지만, 의학적으로도 자외선이 우리 인간에게 나쁜 영향보다는 이점이 더 많다고 한다.

한 그루 한 그루 모두가 한 나라의 부유함을 나타내는 기준이 될 수 있을 것이라고 생각하니, 우리도 대학 안에 있는 키 큰 나무들을 챙겨보아야겠다는 생각이 들었다. 편안하게 자신의 뿌리를 뻗고 싶은 대로 뻗을 수 있는지를. '잘사는 나라는 가로수 나무 아래에 거름을 줄 수 있는 땅의 면적을 보면 알 수 있다.'라는 생각이 들었다.

대학 캠퍼스에는 크고 작은 나무가 많다. 학생들과 함께할 나무들에게도 호흡을 하며 쉴 수 있는 충분한 공간이 주어지기를 바란다. 나무의 푸른빛과 함께 학생들의 마음도 한층 밝아질 것이기 때문이다.

몇 년 전부터 부산대학교 북문 부근에 원룸들이 우후죽
순같이 많이 생겨났다. 넓지 않은 원룸에는 식사를 해 먹을 수 있
는 시설, 작은 화장실, 작은 옷장, 책상 하나, 그리고 누울 수 있는
공간이 있다. 소방 시설은 잘되어 있는지, 들어가고 나갈 때 학생
들의 안전 문제는 없는지 등, 원룸 앞을 지나갈 때마다 항상 의문
이 들곤 했다. 원룸이 많이 있는 곳은 얼마 전까지는 2~3층 개인
주택이 있던 곳이라 건물과 건물 사이 길도 좁은 편이다.

독일 대학교에 다니는 학생들이나 유학하고 있는 외국 학생들
이 생활하는 방법은 개인 주택(Wohnung)에 세 들어 사는 방법과
대학에서 운영하고 있는 학생용 기숙사(Studentenheim)에서 사는
경우가 있다. 전세란 개념은 없고 달세를 내며 달세 3개월 분량의
금액을 보증금으로 맡기는데, 이 돈은 사용 후 집 안이 원래 상태
대로 되어 있다고 집주인이 판단하면 그대로 돌려준다. 대학 기숙
사의 크기는 여러 가지이다. 혼자서 살 수 있는 원룸 형태부터 결
혼한 학생 가족이 살 수 있을 정도로 방 두 개, 거실, 부엌, 화장
실, 거실 등이 있는 집도 있다.

처음 독일에서 유학 생활을 시작했을 때 독일어를 배워야 한다
는 생각으로 외국 유학생들이 많은 곳으로 들어가기를 피했다.
외국인 유학생들 중에는 독일어를 잘하는 사람들도 있었지만, 독

일사람보다는 못할 것이라 생각을 해서, 독일인이 살고 있는 집에 세 들어 살기로 했었다.

대학 기숙사에서 생활하는 것보다 독일 사람 소유의 건물에 살기로 했던 것은 독일 사람들을 만나기가 쉬울 뿐만 아니라, 독일 사람들의 일상 생활모습을 보고 싶었기 때문이었다. 실제로 살면서 그랬다. 필자의 가족은 1층에 살았다. 현관문으로 들어가서 계단을 올라가면 짧은 복도가 있었는데, 이곳 청소는 필자 가족의 몫이었다. 청소를 하면서 종종 위층에 살고 있던 독일 가족들과 만나기도 했다. 눈이 오는 겨울에는 인도에 쌓인 눈을 쓸고, 염화칼슘을 뿌려야 했다. 지나가던 사람이 미끄러져 다칠 경우, 1층에 사는 사람에게 책임을 묻는다고 했다. 이런 일반 건물에 삼 년 반 정도 살다가 학생 기숙사로 이사를 가서 그곳에서 일 년 반 정도 살았다.

아헨 대학교의 경우 대학 기숙사는 대학 중심으로 여러 곳에 있다. 학생 기숙사에 들어가기 위해서는 신청을 하고 몇 개월 정도는 기다려야 했다. 일인용 학생 기숙사에는 그래도 들어가기가 약간 쉬웠지만, 가족 단위가 사용하는 기숙사는 충분하지 못해 신청하고 난 후 한참 기다려야 했다. 필자가 살았던 가족 단위 기숙사에는 네 가족들이 한 단위로 모여서 살 수 있게 설계되어 있었으며, 어린아이들을 위해 가운데에는 어린이 놀이터로 사용되는 작은 모래밭이 있었다.

가족 기숙사에 사는 것은 많은 장점이 있었다. 집세가 쌌으며, 전기나 물 사용료가 적게 들어 유학생 가족들에게는 큰 장점이 되었다. 따뜻한 물은 풍족하게 사용했던 기억이 난다.

공학자의 눈으로 본
독일 대학과 문화

어느 나라 할 것 없이 대학에서 학생들이 주거비 걱정 없이 지낼 수 있는 기숙사는 중요하며, 필요에 따라 다양한 형태의 기숙사를 제공하는 것 역시 정말 중요한 일이다. 대학에서 학생들에게 제공하는 최고의 지원시스템으로는 대학에 입학하고 나서 학생들이 마음 놓고 공부할 수 있게 해주는 충분한 양의 기숙사를 제공하는 것이라 생각한다. 결혼한 대학원 학생들도 생활하며 공부할 수 있게 조금 큰 평수의 학생 기숙사도 필요할 것이다. 이것은 부모님의 마음으로 볼 때 대학에서 자녀들이 안심하고 공부할 수 있게 하는 것이기 때문이다.

대학에서 '학생들을 위해' 어떠한 부대시설이 잘 갖추어져야 하는지를 연구하고, 대학생들을 위한 정책을 개발할 때 '학생을 중심에 두고' 고민해야 할 것이라는 생각이 들었다.

대학의 국제화로 외국에서 유학 오는 학생들이 점차 늘어나고 있으며, 국내 타 지역에서 오는 학생들이 늘어나고 있는 이때, 학생들을 위한 기숙사는 갈수록 중요한 의미를 가진다.

　　아헨 대학교 공작기계 및 생산공학연구소(WZL)를 방문하고 나서, 연구소 1층에 있는 강의용 교재를 파는 사무실에 들렀다. 30여 년 전에 이 연구소에 다닐 때 한 학기에 한 번씩 가곤 했다. 그때와 같이 학생들을 위한 강의용 교재(Umdrug)를 볼 수 있었다. 제본이 된 상태가 아니고 낱장을 고무줄로 묶은 상태이다. 한 학기에 강의될 내용을 정리한 교재로 1,000페이지 정도 되는 자료이며, 가격은 20유로라고 한다. 학생들은 이것을 구입하여 바인더에 넣고 교재로 사용한다. 수업에 사용되는 교재를 서점에서 살 경우 150유로 이상을 주어야 한다.

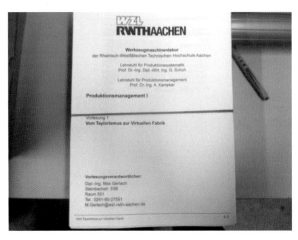

낱장으로 된
수업용 교재

공학자의 눈으로 본
독일 대학과 문화

독일 대학의 수업용 교재는 크게 두 가지로 학생들에게 제공되고 있다. 한 가지는 국제표준도서번호(ISBN)가 있는 시중 서점에서 살 수 있는 제본된 책이고, 또 다른 방법은 수업을 진행하는 교수가 속해 있는 연구소에서 강의 내용에 맞게 따로 교재를 만들어 공급하고 있다.

강의용 교재를 연구소에서 준비해 학생들에게 파는 이유는 크게 두 가지 이유에서다. 첫 번째 이유는 시중에서 파는 교재가 비싸기 때문이고, 두 번째 이유는 연구를 통해 얻어진 연구 내용이 학생들에게 빠르게 소개될 수 있게 하기 위해서이다. 이런 교재의 장점은 새로운 지식과 연구 진행 방법 및 내용을 반영하기 쉽다는 점이다. 따라서 연구소에서 제공되는 강의용 교재의 내용은 연구 진행에 따라 해마다 부분적으로 새롭게 바뀌게 된다.

이론이 바뀌지 않는 학문 분야에서는 교재의 내용이 시간이 흐르더라도 크게 차이가 없겠지만, 발전 속도가 빠른 학문 분야에서는 새로운 지식을 학생들에게 반드시 제공해야 한다. 그래야 대학을 마치고 사회에 나아갔을 때, 대학 교육과 사회와의 차이를 줄일 수 있기에 사회 적응 능력이 뛰어나다.

앞으로 다가올 사회에 적합한 인재 교육을 위해 보다 폭넓은 내용과 현재의 연구 방향 등이 고려된 강의 교재가 될 수 있도록, 교재 개발에 많은 시간을 쏟아야겠다는 생각이 들었다.

　　오랜만에 아헨 대학교의 한 강의실에 들어가보았다. 그때
가 1982년이었으니 32년 전에 앉아서 수업을 받았던 강의실이다.
그런데 강의실에 놓인 책걸상이 옛날 그 책걸상인 것 같다. 책걸
상을 쓰다듬어보고 싶은 생각이 들었다. 아마도 학생들과 신체적
인 접촉을 통해 친해지는 대상이기 때문일 것이다. 이곳은 대학에
서 학생들이 사용하는 책걸상과 강의실, 강의에 사용되는 빔프로
젝터 등이 매우 튼튼하게 만들어져 있다고 느낀다. 고장이 났을
경우 수리를 하며 사용했겠지만, 처음 만들 때 튼튼하게 잘 만들
었다.

　　독일 대학에서 학생들이나 교수들이 사용하는 수업 기자재들
은 매우 견고하게 만들어져 있다. 강의를 듣는 학생들의 수는 한
번에 수백 명이 되는 경우부터 수십 명까지 다양하다. 고장이 발
생해서 수업이 진행되지 못한다면, 그 피해는 고스란히 학생에게
돌아간다. 이러한 피해를 학생들에게 주지 않게 하기 위해 대학에
서는 최고 품질의 기자재를 사용한다.

　　학생들을 위해 구입하는 기자재의 품질이 뛰어나다는 것을 학
생들은 알고 있다. 수업 중에 사용되는 상태를 보면 쉽게 파악이
된다. 작은 기자재 하나라도 학생들의 입장에서 구입해야 한다.

　　수업용 기자재가 고장이 나서 수업을 진행할 수 없다면 다시

아헨 대학교의 강의실

강의시간을 잡아야 하는데, 이것이 그렇게 간단하지 않다. 강의를 듣는 학생들은 각각 자신의 시간표가 있어 강의를 듣고 실험 및 실습 시간에 참여하거나 세미나에 참여하는 시간이 서로 다를 것이기에 다시 강의 시간을 잡는다는 것은 사실 어려운 일이다. 저녁 늦게 혹은 주말에 강의 시간을 잡을 경우 학생이나 교수의 개인 시간을 내어야 하기 때문에 보충 강의 시간을 잡는다는 것은 사실상 불가한 일이다.

대학생들을 위한 시설 및 기자재는 최고의 품질을 가진 것이어야 한다. 우리나라에서는 조달 물품을 구입할 경우 최저낙찰제를 택하고 있는데, 최저낙찰제는 제품의 품질과 경비를 고려하지 않고 대학에서 작성한 최저의 사양만 만족할 경우 최소의 경비로

납품하겠다는 업체를 선정한다. 독일 대학의 강의실에 설치되어 있는 시설들을 보면, 아마도 독일 대학에서는 우리나라와는 다른 원칙을 가지고 있나 보다.

오래전에 앉아서 수업을 받았던 강의실에 와서 이렇게 걸상에 앉아보니, '정말 튼튼하게 만들어졌구나.'라는 생각이 다시 든다. 비록 학생들의 손에 모서리가 닳았지만 사용하는 데 조금의 불편함이 없다. 많은 학생들이 사용했을 책걸상의 닳은 모서리에서 역사를 읽고, 앞서 졸업한 학생들의 숨결을 느낄 수 있다.

학생들이 사용할 물건들은 튼튼하게 만들어져야 한다는 것을 보고 배운 독일의 젊은 대학생들이 사회에 나아갔을 때, 그리고 다시 대학을 위해 일할 기회가 주어졌을 때, 대학 생활을 하면서 보아왔던 것을 떠올리며 다음 세대의 학생들을 위해서 반드시 품질 좋은 학습 기자재를 구매할 것이다.

대학에서의 교육과 연구를 위해서는 많은 기자재가 필요하다. 연구에 필요한 장비는 교수의 연구 분야에 따라 다르겠지만, 교육에 관련된 기자재는 대동소이하다. 교육을 위해서는 공통으로 사용되는 기자재가 대부분이기 때문에 내구성이 뛰어나야 하며, 교수들이 수업을 진행할 때 편리하게 사용될 수 있어야 한다.

대학생들이 대학에서 사용하는 것들의 품질이 좋을 때에는 자신이 대접을 받고 있음을 느낄 수 있을 것이며, 자신이 다니는 대학에 대해서도 다시 생각할 기회가 있을 것이다. 대학교의 강의실에 놓일 책걸상과 의자 하나에서도 사용할 학생들을 생각하고, 품질이 좋으면서 오랫동안 사용할 수 있는 튼튼한 것을 선택해서 사용할 수 있도록 해야겠다.

　　독일이라는 나라는 어떤 나라일까? 독일은 경제적으로 잘사는 나라이고, 국민들은 근면하며, 무엇이든 아끼며 사는 나라라고 알고 있고, 학교에서 그렇게 배웠다.

　아우토반(Autobahn)이라는 고속도로가 잘되어 있고, 사람들이 타고 싶어 하는 자동차를 잘 만드는 나라에 올 때마다 친밀감을 느낀다. 이렇게 친밀감을 느끼는 것은 보이지 않는 곳에서도 열심히 살아가는 사람이 있기 때문일 것이다.

　우리 인간 사회에는 많은 직업이 있다. 공항에, 대학에, 정부나 시청에도 여러 종류의 직업이 있고, 백화점이나 편의점에도 일하는 사람들이 있으며, 고속도로에서 트럭을 몰고 밤새 달리는 사람도 있으며, 시내버스를 운전하는 사람도 있으며, 여름 햇볕 속에 밭에서 땀 흘리며 일하는 농부도 있으며, 높은 철탑에 올라가 전기선을 교체하는 사람도 있으며, 새벽을 가르며 도로를 청소하는 사람도 있으며, 아침 일찍 가게 문을 여는 사람도 있다. 우리가 살아가는 데에는 정말 많은 종류의 직업이 있다.

　많은 직업의 종류에서 어느 직업이 가장 멋지고 좋을까? 이런 질문을 하면 독일 국민들은 어떻게 대답을 할까?

　필자가 유학 초기에 독일 북쪽 도시인 브레멘(Bremen)에서 4개월 정도 살았던 적이 있다. 세 들어 살던 집의 주인은 청소부 일을 하는 사람이었는데, 아침 4시경에 나가서 청소차를 따라다니며, 각 가정을 돌면서 각 가정집 뜰에 있는 쓰레기통을 청소차에 들어 올리는 일을 한다. 그리고 나서 스위치를 누르면 쓰레기통에 들어 있는 쓰레기가 청소차 컨테이너 안으로 부어진다.

집주인 아저씨는 이런 일을 하지만 주말에는 송아지만 한 큰 개를 데리고 사냥을 간다. 1박 2일로 다녀오는 날도 있고, 하루 온종일을 갔다 오기도 했다. 간혹 주인 집 거실에 놀러 갔다. 집 안에는 애완용으로 기르는 작은 돼지 새끼가 돌아다니고, 큰 키의 개가 왔다 갔다 했다. 약간 어지러운 거실이었지만, 주인 아저씨가 주는 맥주 한 잔에 기분이 금방 좋아졌다.

독일의 청소차. 청소부가 올라탈 수 있는 발판이 양 옆에 달려 있다.

주인 아저씨에게 물었다. 청소부 일이 재미있느냐고. 아저씨는 일이란 재미있을 때도 있고 고단할 경우 하기 싫을 때도 있다면서 가족을 위해 하는 일이라 생각하며 즐겁게 일한다고 했다.

이것을 보면서 독일 국민들은 '직업에는 귀천이 없다.'라는 말을 믿는 듯했다. 이것은 국민들이 어떤 일을 하더라도 그것에 대한 충분한 대가(보수)를 받는다고 느껴서일까?

독일에서는 어린 학생들에게 직업 교육을 어떻게 시킬까? 어린 아이들은 장차 자신이 선택할 직업에 대해 어떤 교육을 받았기에, 교육을 다 마치고 나서 어른이 된 후, 자신의 직업에 대해 즐거움을 가지고, 한편으로는 긍지를 가지고 일을 할 수 있을까?

독일의 어린아이들이나 중고등학교 학생, 대학생들은 자신에게 주어진 숙제나 문제에 대한 답을 자기 스스로 찾는 데 많이 노력하고 있다. 학생들은 스스로 교과서를 읽고 문단을 나누고, 그래도 모르는 것은 모여서 이야기를 한다. 자기 또래의 다른 학생들은 문제에 대해 무슨 생각을 어떻게 하는지에 대해서 토의를 한다. 오랜 시간 서로의 생각을 충분히 털어놓고 좋은 답을 찾아가는 모습을 본다.

독일 사람들은 서로의 생각을 친구나 동료들과 혹은 부모들과 이야기하는 시간이 많다. 대화의 시간이 길다. 매일 만나는 연구소의 연구원들이 간혹 있는 회식 자리에서 하는 이야기는 끝이 없다. 대화는 마음의 문을 열어주는 수단일 수 있다.

서로 나누는 이야기 속에서 자신의 직업에 대한 불평도 이야기하고, 현재 하고 있는 일에 대한 불만도 이야기한다. 무엇이 문제인지, 문제가 자기에게 있는 것인지, 아니면 조직에 문제가 있는 것인지를 서로 주고받는다. 이를 통해 자기가 하는 일에 대한 이해와 사회에서의 역할 및 중요성을 배워나가는 것이다. 자기가 하고 있는 일이 아무리 보잘것없어도 그 일을 어느 누가 하지 않으면 자기가 속해 있는 사회는 잘 돌아가지 않는다. 이런 이해 속에 자신의 일에 대한 긍지가 생기는 것이다.

청소부들이 매일 새벽에 담당 구역을 돌면서 먹다 남은 음식물 쓰레기나 사용하고 나서 생기는 생활 쓰레기를 치우지 않는다면, 사회 곳곳에 썩는 냄새가 날 것이다.

대학에서는 많은 학문의 전공자를 길러낸다. 대학을 졸업하고 사회로 나가는 사람들은 자신의 직업에 대한 마음 자세가 어떠해야 할까? 대학에서는 어떻게 가르쳐야 할까? 우선적으로 자기가 하고 싶은 일을 하며, 이를 통해 하고 있는 일에 대해 보람을 느낄 수 있도록 해야 한다. 일에 대한 본인의 태도와 사회에서 바라보는 시선이 같을 때 일을 하는 사람들은 신이 난다. 사회는 그 사람이 사회의 한 구성원으로서 역할을 다하고 있음을 인정해주어야 할 것이다.

브레멘에서 만났던 청소부 아저씨가 주말마다 큰 개를 데리고, 청소부 복장이 아니라 멋진 사냥 복장을 하고, 비록 오래되었지만 벤츠280을 몰고 사냥을 가는 모습은 정말 당당해 보였다. 그 모습은 독일 사회가 '당신의 역할은 우리 사회에서 꼭 필요하다.'라는 말을 해주고 있었기 때문일 것이다.

베를린 시내에서 지나가던 청소부 아저씨를 만났다. 사진 한 장을 찍고 싶다고 하니 기꺼이 포즈를 취해주었다. 아무런 거리낌 없이 대해주는 모습에서 평소에 필자가 느꼈던 독일 사람들의 직

베를린의 환경미화원. 흔쾌히 포즈를 취해주었다.

업관을 다시 확인할 수 있었기에 기분이 좋았다.

우리나라 대학생들도 대학을 졸업하고 사회에 나아가서 일을 할 때, 비록 그 일이 보잘것없는 일이라 하더라도 정말 당당한 모습으로 자신의 일에 긍지를 가질 수 있도록 우리 사회가 믿어주어야 할 것이다. 자기의 꿈에 따라 살 수 있는 젊은이들이 되도록 사회에서나 국가에서 기다리며 바라볼 수 있어야 한다.

독일의 날씨는 일 년 내내 흐리고 비가 오는 날이 많고, 우박이 오는 날도 간혹 있다. 겨울에는 눈 오는 날도 많아 하루 종일 어두울 때도 있다. 날씨가 좋았다가도 어느새 먹구름이 몰려와 비가 내리곤 한다. 그래서 독일에 출장을 갈 때는 반드시 우산을 챙긴다.

흐린 날씨가 인간의 삶에 어두운 영향 혹은 생각하는 기회를 주었을 것이다. 인간은 부족한 무엇이 있을 때 이것을 보충하는 무엇을 찾으려고 노력한다. 건물의 외벽에서나 내벽에서도 무엇인가를 표현하려고 하고, 미술 작품을 만드는 미술가들은 날씨로 마음이 움직이더라도 작품에는 밝은 기분을 나타낼 수 있다. 작곡자는 어두운 날씨에 영향을 받을 수 있었겠지만, 오히려 밝은 노래로 기분을 나타냈을 것이다.

독일의 날씨는 하루에 여러 번 바뀌는 경우도 있다. 지리적인 특징으로 어찌할 수 없을지 모른다. 인접한 프랑스의 날씨는 독일의 것과 다르며, 조금 더 멀리 떨어져 있는 정열의 나라 스페인은 더더욱 독일 날씨와 다르다.

날씨가 흐린 것에 비해 독일 대학의 건물이나 관공서 혹은 박물관 등 모든 건물들의 내부는 매우 밝다. 밝은 조명으로 사람의 기분을 좋게 해준다. 책걸상과 벽의 색도 대부분 밝다. 건물을 밝히는 데 많은 에너지가 필요하지만, 연구의 성과나 강의에 참여하는 학생들의 수업 효과를 높이기 위해 건물 안을 밝게 밝힌다.

독일 내에서 타고 가던 기차의 차창을 때리는 갑작스런 소나기를 보며, 비타민 D에 대한 옛 생각이 났다.

독일에서는 어린아이가 세상에 태어나면 만 4년이 될 때까지 비타민 D를 먹인다. 우리 몸속의 비타민 D는 음식을 통해서도 섭취할 수 있지만, 대부분은 햇빛을 받아서 생성된다고 한다. 비타민 D가 부족할 경우 각종 질환에 노출되며, 특히 골다공증 및 고관절 골절, 인슐린 작용이 둔해져 비만의 원인이 된다.

독일에서는 아침마다 병원에서 타가지고 온 비타민 D 한 알을 어린아이 입 속에 밀어 넣어준다. 어린아이들은 무슨 맛인 줄도 모르고 그냥 받아먹는다. 이 일은 햇빛이 약한 독일에서는 어린아이를 가진 부모들의 하루 일과 중 하나다.

독일의 대학생들도 날씨가 좋은 날 햇볕이 내리쪼이면 강의실 주위에서도 큰 수건을 깔고 엎드린 채 햇빛에 몸을 맡기는 모습을 본다.

이것을 보면, 햇빛에 관한 한 우리나라는 정말 복 받은 나라라는 생각이 든다. 봄, 여름, 가을, 겨울이 뚜렷하고, 봄이나 여름 심지어 가을에도 햇살이 뜨겁다. 요즘같이 섭씨 30도를 웃도는 여름날에는 더운 날씨가 싫을 때도 있다. 한여름 차를 타기 위해 운전석에 앉자마자 등에서는 땀이 흘러내리고, 강한 햇볕 아래에서 허리도 잘 펴보지 못한 채 밭에서 일하는 농부들의 얼굴은 검게 타들어가고, 도로나 건물을 짓는 건설 현장에서 일하는 사람들의 얼굴들이 붉게 변해 있는 것을 볼 때, 여름이 빨리 지나가기를 바란다.

그러나 언젠가부터 필자는 힘차게 내리쬐는 햇볕이 좋아졌다. 내리쬐는 햇빛이 우리들에게 많은 도움을 준다고 생각하면 흐르는 땀이 싫지만은 않고, 강한 햇살에 거무스름하게 변하는 얼굴색도 그렇게 싫지만은 않다. 자주 창녕에 가서 어머니께서 하고 계시는 밭일을 돕는데, 그때 필자의 얼굴이나 목덜미가 붉게 변한 모습이 보기에 좋다. 햇볕은 만물이 지구 상에 있게 해주는 태양의 선물인 것이다.

좋지 않은 날씨에 우리의 기분이 나빠질 때도 있겠지만, 날씨로 인해 다시 한 번 더 자신을 돌아볼 수 있는 기회가 생길 뿐만 아니라 인간에게 많은 생활의 필요한 물품들이 생겨났을 수도 있다. 이것을 보면, 우리를 감싸고 있는 여러 상황들이 어려울 때라도 이런 상황을 우리 것으로 만들어 헤쳐나간다면, 주변의 환경이 모두 우리의 자산이 될 수 있을 것이다.

공학자의 눈으로 본
독일 대학과 문화

독일의 힘

　　지구 상에는 여러 나라들이 있다. 각 나라마다 인간이 지구 상에 나타난 시점은 서로 비슷할 수 있다. 인구가 많은 나라도 있고, 얼마 되지 않은 나라도 있다. 국가의 면적이 매우 큰 나라도 있으며, 매우 작은 나라도 있다. 각 나라마다 가지고 있는 문화나 자연 환경이 다르며, 매장하고 있는 천연 자원의 크기도 다르다. 자연 환경이 좋고 천연자원을 많이 가지고 있으면서 못사는 나라가 있으며, 자연 환경이 좋지 않거나 천연 자원이 부족하면서도 잘사는 나라가 있다. 이렇게 다양한 나라들 중 어느 나라는 잘 살고, 어느 나라는 못사는 이유가 무엇일까?

　이렇게 많은 다양한 나라 중에서 독일이라는 나라는 어떤 나라일까? 현재 독일은 정치적으로나 경제적으로 안정되어 있다. 이렇게 안정된 독일을 어떻게 해서 이룰 수 있었을까? 얼마 전에 끝난 2014년 브라질 월드컵에서 독일이 우승을 했다. 월드컵이 열릴 때마다 독일은 늘 우승 후보였다. 이런 질문을 스스로 해보았다. 독일은 축구만 잘하는가? 한 나라가 여러 분야에서 모두 두각을 나타내기는 쉽지 않을 것인데, 못하는 것이 대체 무엇일까?

　독일의 철학 및 신학, 인문사회학, 의학 및 자연과학기술 분야에서의 수준을 생각한다면, 독일은 못하는 분야가 별로 없는 듯하다. 고전 음악과 현대 미술에 대한 분야, 현대 건축학에 대한 연구뿐만 아니라, 자동차에 관련된 기술, 제약 및 바이오 관련 산업, 첨단 무기 관련 기술, 신재생 에너지, 항공 및 우주 산업 분야에서의 도약 등 모든 분야에서 눈부신 발전을 거듭하고 있다.

자연스러운 질문이 생겨난다. "독일의 힘은 어디에서 오는가?"

독일 대학의 많은 연구소에 다니는 연구원들의 회의에서도 느낀다. 수행하고 있는 연구에 관련된 것이든 앞으로 연구하면 좋을 것에 대해서든 의견을 나누는 방법은 비슷하다. 우선적으로 자신이 의견을 내고 나서는 다른 동료들의 이야기를 듣는 시간이 길다. 남의 이야기 속에서 자신이 던진 아이디어의 잘잘못을 발견해가는 것 같다. 이야기를 중간에 자르는 경우는 드물다. 남과의 소통을 통해 의견을 교환한다. 연구원 중 어느 누군가는 반드시 여러 사람들이 하고 있는 말의 내용을 요약하며 적는다. 한참을 이야기하다 보면, 어떨 때에는 격렬하게 자신의 의견을 주장하는 경우도 있지만 대부분 자연스럽게 좋은 의견으로 결론을 내리는 과정을 본다. 이런 과정을 거친 결론에는 서로의 의견이 반영되어 있으며, 문제의 해결에 적합한 의견임을 서로 느낀다.

이런 소통에는 평소에 가지고 있는 생각이나 지식만을 이용하는 것이 아니다. 새로운 문제나 연구에 관련된 새로운 자료, 지금까지 축적된 연구의 결과들을 활용한다. 이러한 자료들은 자신의 생각이나 다른 동료들의 의견을 받아들이는 데 매우 중요하게 영향을 미친다. 즉, 기존의 데이터와 새로운 상황에 따른 자료들을 많이 활용한다.

한 가지 예로, 독일에서 승객들이 타는 기차 안에는 기차가 각 역에 서는 시간과 출발하는 시간이 표시된 시간표가 있다. 기차

공학자의 눈으로 본
독일 대학과 문화

베를린에서 쾰른까지 가는 독일의 고속철도인 ICE 950 시간표다. 기차를 탄 승객들에게 제공되는 것인데, 기차의 좌석에 올려져 있다. 예를 들어 이 기차는 Hagen 중앙역에 15시 22분에 도착해서 15시 24분에 출발하며, 이 역에 내린 손님은 여러 노선을 통해 가고자 하는 곳으로 갈 수 있다. 15시 30분에 출발하는 RE10423 열차로 비텐(Witten) 역으로 갈 수도 있으며, 15시 32분에 출발하는 RE10424 열차로 뷔페탈 오베르바르멘(Wuppertal-Oberbarmen)역으로 갈 수 있음을 알려준다. 이런 표가 완성되기 위해서는 장기간에 걸친 자료 정리가 필수적이다.

가 역에 도착하면 승객들이 자기가 가고자 하는 방향으로 기차를 바꾸어 탈 수 있도록 여러 기차들에 대한 정보가 제공된다. 이런 것이 가능한 이유는 오랫동안 모은 기차에 대한 정보들이 꼼꼼하게 잘 파악이 되어 있었기 때문이다.

독일의 힘은 대학에서 자율적으로 연구를 할 수 있는 분위기에서 나왔을 것이다. 대학에서는 사회의 요구가 많은 분야에 대해 기업이나 주 정부의 많은 경제적인 지원으로 훌륭한 인재를 양성해낸다. 연구 분야를 잡을 때에는 앞으로 올 세계에 대한 연구 로드 맵에 따라서, 교수 스스로의 판단으로 새로운 연구 분야를 잡는 기회를 준다. 즉, 자율적으로 앞으로의 연구 분야를 선정하여 연구를 수행하고 결과에 대한 평가를 성실히 받는다는 것이다.

한편으로는 옛것을 중히 여기는 국민들의 마음에서 새로운 힘을 얻는 것은 아닐까? 2차 세계대전으로 폐허가 된 독일의 여러 도시들이 가능한 한 처음 지어졌을 때의 모습으로 복구된 것을 보면서 이런 생각이 들었다. 알아볼 수 없을 정도로 무참하게 부서졌던 아헨 시청 주변이나 쾰른 성당 주위가 그런 경우이다. 오래전에 지어진 것이라, 설계 도면이 있는 경우도 있었지만 없을 때에는 주변의 것을 보면서 유추해서 재건축을 했을 것이다. 이어져 내려오는 전통을 사랑한다는 것은 새로 생겨나는 것에도 많은 정성을 쏟는 것과 같은 것이다. 간혹 오래된 건물과 조화롭지 않을 것 같은 건축물이 옆에 세워진 모습을 보기도 하지만, 아마 그것은 필자의 미적 감각이 그에 미치지 못하기 때문일 것이다.

어쩌면 2차 세계대전과 유태인 학살에 대한 잘못을 인정하는 독일 정치인들의 용기와, 이를 보고 배운 국민들의 자신감이 독일을 앞으로 나아갈 수 있게 해준 커다란 동력은 아닐까? 국민들이 가진 마음의 빚을 털고 다시 일어설 수 있도록 한 것이다.

독일이 힘을 얻는 데 대학과 연구소에서 노력하여 얻은 연구의 결과는 중요했을 것이다. 덧붙여, 연구를 하는 중에 생겨난 실패의 사례에 대한 정리는 다음 연구를 위해 잘 모아두어야 한다. 다시 잘못된 연구를 하지 않기 위해서다. 즉, 연구의 과정은 연구의 결과보다 더 중요할 수 있다. 연구를 통해 얻어진 실패의 경험들은 새로운 연구의 길을 제시해주기 때문이다. 좋은 연구 결과만이 중요한 것이 아니라, 연구 과정을 잘 모아 검토하는 것도 함께 중요하다.

한 나라의 힘은 각각의 분야에서 가치를 어디에 두는가에 따라 달라질 것이다. 이루고자 하는 가치의 크기에 따라 경제적이며 정신적인 투자의 크기가 다를 수 있기 때문이다. 대학이나 주 정부에서 정책을 입안할 때 대학의 발전과 나라의 발전에 초점을 맞추고, 주어진 가치에 따라 최선을 다하는 결과로 힘이 생겨나는 것이다.

국민 각 개인이 자신이 몸담고 있는 분야에서 최선을 다하고, 그것이 모여 국가의 큰 힘이 될 수 있었을 것이다. 철학과 예술을 사랑하는 사람들은 자유로운 사고로 인간의 자유성을 해방시켜 줄 수 있는 기회를 만들고자 자신의 역할을 충실히 하며 살고 있다. 그리고 법조계 사람들은 인간의 본성에서 우러나오는 법 감정을 숨김없이 잘 적용하여 잘잘못의 판단 기준을 만들고 있는 것이다. 인문 사회과학을 하는 사람들은 현대 사회가 안고 있는 문제를 해결하기 위해 자신이 가지고 있는 역량을 최대한 발휘하여 노력하며, 공학이나 자연과학을 하는 사람들은 실험과 실습을 통해 인간의 생활을 윤택하게 해주는 편리한 도구와 우수한 성질을 갖는 부품을 만들어내고 있다. 의학을 하는 사람들은 인간을 중심으로 문제를 해결하려고 노력하며, 인간에게 필요한 약을 개발하는 사람들은 많은 기본적인 실험을 통해서 생겨날 수 있는 여러 가지 경우를 고려하고 있다.

독일의 힘은 혹시 잘 짜인 교육 제도에서 나오는 것은 아닐까? 지구 상에 완벽한 교육 제도는 없겠지만, 독일은 현재의 교육 제도 아래에서 최선을 다해 자라나는 학생들을 잘 교육시키는 것 같다. 문제가 주어졌을 때 학생들이 스스로 문제를 해결해보고자 하는 정신을 길러준다.

아무리 작은 것에도 가치를 부여하고 원인과 결과를 함께 평가하고 연구하는 모습이 오늘의 독일을 일군 진정한 힘이 아닐까 하는 생각이 든다.

대학에서는 학생들의 교육이 현실에 입각해서 학문의 발전이 이루어졌으며, 이러한 정신을 바탕으로 사회나 국가에서 생겨난 문제에 대한 답을 찾아왔던 것이다. 이러한 것들이 모여 현재의 독일이 되었으며, 강력한 힘이 있는 국가가 될 수 있었던 이유일 것이다.

주

[1] http://en.wikipedia.org/wiki/RWTH_Aachen_University

[2] http://www.wzl.rwth-aachen.de/en/index.htm

[3] http://www.fraunhofer.kr/ko/about_fraunhofer.html

[4] http://www.fotoausflug.de/en-germany-aachen-auditorium-maximum.html

[5] http://en.wikipedia.org/wiki/Klinikum_Aachen

[6] http://www.wzl.rwth-aachen.de/en/2d2d2f5491d92c3dc1256ec500 4e0afa.htm

[7] http://transportation.wvu.edu/prt

[8] https://www.zarm.uni-bremen.de/

[9] http://www.hcu-hamburg.de/en/university/

[10] http://www.uni-heidelberg.de/

[11] http://www.gunnet.kr/history/western/25-Gothic.htm

[12] http://www.berlin.de/orte/sehenswuerdigkeiten/brandenburger-tor/

[13] hhttp://ko.wikipedia.org/wiki/%EB%B2%A1%EC%8A%A4%A4

[14] http://w1.hompy.com/hope888/k114.htm

[15] http://www.sonycenter.de/en

[16] http://en.wikipedia.org/wiki/Helmut_Jahn

[17] http://www.museum-ludwig.de/en/

[18] http://en.wikipedia.org/wiki/Stuttgart_S-Bahn

[19] http://en.wikipedia.org/wiki/Berlin_Musical_Instrument_Museum

[20] http://en.volkswagen.com/en.html

[21] http://www.rwth-aachen.de/cms/root/Die_RWTH/Kontakt_
Lageplaene/Raumverwaltung/~tld/SuperC/lidx/1/

공학자의 눈으로 본 독일 대학과 문화

1판 1쇄 발행 2014년 11월 11일

지은이 목학수
펴낸이 강수걸
편집장 권경옥
편집 손수경 양아름 문호영
디자인 권문경
펴낸곳 산지니
등록 2005년 2월 7일 제14-49호
주소 부산광역시 연제구 법원남로15번길 26 위너스빌딩 203호
전화 051-504-7070 | 팩스 051-507-7543
홈페이지 www.sanzinibook.com
전자우편 sanzini@sanzinibook.com
블로그 http://sanzinibook.tistory.com

ISBN 978-89-6545-270-6 03370

* 책값은 뒤표지에 있습니다.
* 이 도서의 국립중앙도서관 출판시도서목록(CIP)은 e-CIP 홈페이지
(http://www.nl.go.kr/ecip)에서 이용하실 수 있습니다.
(CIP 제어번호: CIP 2014029589)